Heike Baligand

Geschichten schreiben

Anleitung zum lustvollen Schreiben in der Grundschule

westermann

Um die Kopiervorlagen auf ein DIN-A4-Blatt zu vergrößern, verwenden Sie bitte den Faktor 126 %.

Druck A[1] Jahr 2009

Lektorat: Nadin Bamberg
Herstellung: PER Medien+Marketing GmbH, Braunschweig
Titelfoto: Klaus Wefringhaus
Illustrationen: Antje Hagemann
Satz und technische Umsetzung: PER Medien+Marketing GmbH, Braunschweig
Druck und Bindung: westermann druck GmbH, Braunschweig

ISBN 978-3-14-**162127**-3

Inhalt

Vorwort ... 7
Einleitung ... 9

1 Schreiben nach vorgegebenen Mustern ... 15
1.1 Wettergedichte ... 16
1.2 Jahreszeitengedichte ... 23
1.3 Sinnesgedichte ... 27
1.4 Kinderzimmermärchen ... 29

2 Schreiben zu Bilderbüchern ... 38
2.1 Eine Mäusegeschichte ... 38
2.2 Eine Eisbärengeschichte ... 47
2.3 Eine Schweinegeschichte ... 51

3 Schreiben zu Gegenständen ... 61
3.1 Wir gestalten ein Steinbuch ... 61
3.2 Eine Schuhgeschichte ... 69
3.3 Mein Lieblingskuscheltier ... 74

4 Schreiben nach einer Erzählmühle ... 83
4.1 Abenteuergeschichten ... 86
4.2 Märchen ... 89

5 Schreiben zu Bildern ... 100
5.1 Bildergeschichten ... 100
5.2 Tür-, Fenster- oder Torgeschichten ... 108
5.3 Schreiben zu Kunstwerken ... 115

6 Schreiben zu Reizwörtern ... 123
6.1 Geschichten aus der Box ... 124
6.2 Schreiben zu Lieblingswörtern ... 127
6.3 Eine Namensgeschichte ... 131
6.4 Reizwortgeschichten nach dem Zufälligkeitsprinzip ... 134

7 Schreiben zu Sinneseindrücken ... 137
7.1 Weihnachtsgeschichten ... 138
7.1.1 Mein 24. Dezember ... 139
7.1.2 Der Adventskrimi ... 143
7.2 Wassererlebnisse ... 148

8 Praktische Tipps beim Schreiben ... 161
8.1 Sätze strukturieren ... 161
8.2 Satzanfänge ... 161
8.3 Wortfelder: „sagen“ und „gehen“ ... 163
8.4 Adjektive ... 163
8.5 Spannungssteigernde Ausdrücke ... 165

Literatur- und Materialverzeichnis ... 174
Quellennachweis ... 175
Kopiervorlagenverzeichnis ... 5

Kopiervorlagenverzeichnis

KV 1: Wettergedichte (1) . . . 34
KV 2: Wettergedichte (2) . . . 35
KV 3: Frühlingsgedichte (1) . . . 36
KV 4: Frühlingsgedichte (2) . . . 37
KV 5: Bogen zur Geschichtenbewertung (1) . . . 55
KV 6: Bogen zur Geschichtenbewertung (2) . . . 56
KV 7: Bildkarten . . . 57
KV 8: Eisbärengeschichten . . . 59
KV 9: Bogen zur Geschichtenbewertung (3) . . . 60
KV 10: Reporterfragen . . . 79
KV 11: Bauplan für Kuscheltiergeschichten . . . 80
KV 12: Bogen zur Geschichtenbewertung (4) . . . 82
KV 13: Erzählmühle „Abenteuergeschichten“ . . . 94
KV 14: Erzählmühle „Märchen“ . . . 97
KV 15: Bogen zur Geschichtenbewertung (5) . . . 120
KV 16: Bogen zur Geschichtenüberarbeitung . . . 121
KV 17: Leitfragensystem für Torgeschichten . . . 122
KV 18: Stundenleiste für „Mein 24. Dezember“ . . . 153
KV 19: Adventskrimis . . . 154
KV 20: Bogen zur Geschichtenbewertung (6) . . . 155
KV 21: Wasser-ABC . . . 156
KV 22: Gewittergeschichten . . . 158
KV 23: Bogen zur Geschichtenbewertung (7) . . . 160
KV 24: Satzanfänge . . . 166
KV 25: Wortfeld „sagen“ . . . 167
KV 26: Wortfeld „gehen“ . . . 168
KV 27: Adjektive mit positiver Bedeutung . . . 169
KV 28: Adjektive mit negativer Bedeutung . . . 170
KV 29: Stimmungsadjektive . . . 171
KV 30: Spannungssteigernde Ausdrücke . . . 172

Vorwort

Mit diesem Buch sollen Anregungen aus der Praxis für die Praxis gegeben werden. Es richtet sich an alle Lehrer und Lehrerinnen, die nicht länger Aussagen wie: „Ja, was soll ich denn schreiben ...?", „Worüber soll ich denn schreiben ...?", „Mir fällt doch nichts ein ..." oder „Aufsätze kann ich sowieso nicht." von den Schülerinnen und Schülern hören wollen. Es ist geschrieben für Lehrkräfte, die den nächsten Aufsatz nicht länger vor sich herschieben wollen, weil eigentlich kein Wochenende für dessen Durchsicht mehr frei ist und für Lehrer und Lehrerinnen, die es leid sind, immer neue Ausreden erfinden zu müssen, um endlich mit der Korrektur der Aufsätze zu beginnen.

Schreiben kann auch Spaß machen – Schülerinnen und Schülern genauso wie Lehrerinnen und Lehrern.

Das Ziel ist erreicht, wenn die Kinder fragen: „Wann schreiben wir denn mal wieder?" oder sagen: „Wir haben schon so lange keine Geschichte mehr geschrieben." Kinder, die so reagieren, haben das Schreiben als etwas Schönes, Lustvolles erlebt. Sie haben gespürt, dass die Lehrkraft sie ernst nimmt mit ihren Ideen und sie haben Stolz gefühlt bei der Würdigung ihrer Geschichten.

Dieses Buch gibt praktische Tipps, die ohne große Vorbereitung schnell umgesetzt werden können. Es ist so geschrieben, dass auf Zitate weitestgehend verzichtet wurde. Die Erkenntnisse der Fachdidaktik und die Ergebnisse der Schreibforschung über Schreibprozess und Schreibentwicklung wurden einbezogen, sollen aber an dieser Stelle weder detailliert dargestellt noch diskutiert werden. Sie fließen in die theoretischen Ausführungen ein, aber im Mittelpunkt steht die Praxis des Schreibens, die auf der Grundlage der Bildungsstandards Veränderungen erfahren sollte. Ein Aufsatzthema darf nicht länger „vom Himmel fallen". Die Schülerinnen und Schüler müssen auf das Schreiben vorbereitet werden, sie müssen den Sinn ihres Schreibens verstehen. Aufsätze dürfen nicht länger für die Dachböden der Schulen geschrieben werden. Kein Erwachsener würde beispielsweise eine Rede zum runden Geburtstag schreiben und sie dann für später in die Schublade legen.

Ich möchte mit den Schreibbeispielen allen Lehrerinnen und Lehrern Mut machen, neue Wege zu beschreiten und die Chance zu nutzen, das Schreiben von Geschichten als etwas Positives zu erleben.

- Kinder schreiben gern, wenn sie echte Adressaten haben.
- Kinder schreiben gut, wenn sie richtig angeleitet werden.
- Kinder schreiben kreativ, wenn „Mein schönstes Ferienerlebnis“ oder die „Personenbeschreibung“ der Vergangenheit angehören.

Heike Baligand

Einleitung

Schreiben ist immer eine Auseinandersetzung mit der Wirklichkeit. Und weil jede Wirklichkeit eine persönlich gefärbte Weltsicht ist, ist auch jeder Schreibprozess ein ganz persönlicher Vorgang. Ein Vorgang, der von der Vergangenheit beeinflusst wird, der aber auch von außen gesteuert werden kann. Die Beeinflussung mit dem Ziel, die Kinder zu fördern, ist zentrales Anliegen dieses Buches. Es werden Möglichkeiten dargestellt, die Schreibfähigkeiten zu wecken, zu entwickeln und zu verbessern, um den Kindern dadurch Freude am Schreiben zu vermitteln.

Veränderungen in der Schreibdidaktik, die es in unterschiedlichen Ausprägungen und Variationen seit Jahrzehnten gegeben hat, sind jetzt auch in die Bildungsstandards für das Fach Deutsch eingeflossen und wurden somit für die Schulen verbindlich. So heißt es in den Beschlüssen der Kultusministerkonferenz:

„Die Schülerinnen und Schüler nutzen Schreiben zur Kommunikation, zur Aufbewahrung von Informationen, zur gedanklichen Auseinandersetzung sowie zum kreativen und gestalterischen Umgang mit Sprache. Sie gestalten den Schreibprozess selbstständig und verfassen ihre Texte bewusst im Zusammenhang von Schreibabsicht, Inhaltsbezug und Verwendungszusammenhang. Dabei greifen die Teilprozesse des Schreibens ineinander: Texte planen, aufschreiben und überarbeiten." (Beschlüsse der Kultusministerkonferenz 2005, S. 10)

Auffällig ist, dass es eine Veränderung in der Begrifflichkeit gegeben hat. Der Ausdruck „Aufsatzunterricht" wurde durch „Texte verfassen" ersetzt, die Funktion des Schreibens wird genannt und das Schreiben wird als ein Prozess angesehen. Es ist nicht länger das Produkt, das im Mittelpunkt steht, sondern es ist der Prozess, der beachtet werden soll. Dieser Prozess wird in die Teilprozesse **planen**, **aufschreiben** und **überarbeiten** unterteilt.

Die neue Sichtweise, die durch die Bildungsstandards Verbindlichkeit bekommt, muss Veränderungen in der Unterrichtspraxis nach sich ziehen. Schüleraussagen wie: „Heute schreiben wir einen Aufsatz, hoffentlich fällt mir etwas ein." oder „Heute haben wir einen Aufsatz geschrieben. Wir sollten zum Wochenende erzählen. Mir ist gar nichts eingefallen." müssen der Vergangenheit angehören.

Ich habe bei den folgenden Schreibbeispielen den Schreibprozess, der von der Kultusministerkonferenz festgelegt wurde, noch detaillierter aufgeschlüsselt. „Texte planen“ wird unterteilt in **Ideenfindung** und **Text planen**. Zusätzlich wird im Anschluss an die **Überarbeitung** der Aspekt der **Präsentation** und **Würdigung** methodisch aufgearbeitet. Gerade durch die Präsentation wird dem kommunikativen Charakter des Schreibens Rechnung getragen. Durch Ausstellungen oder Dichterlesungen werden die Schreibprodukte der Kinder gewürdigt und ihnen wird die Möglichkeit gegeben, stolz auf die eigene Leistung zu sein.

Die prozessualen Teilschritte **Ideenfindung, Planung, Text verfassen, Überarbeiten** und **Präsentieren** werden in den Schreibbeispielen unterschieden und mit konkreten Vorschlägen gefüllt.

Bei der **Ideenfindung** geht es darum, die Gedanken der Kinder zunächst auf das jeweilige Thema zu lenken. Sie sollen eingestimmt werden. Methodisch bieten sich freie Assoziationen in schriftlicher oder mündlicher Form wie das Sammeln von Wörtern zu einem Thema (z. B. Sommerwörter, Winterwörter, blaue Wörter, Gewitterwörter, Sonnenwörter, Urlaubswörter), Unterrichtsgänge zur Sensibilisierung der Sinne, das Hören von Musik, der Einsatz der Erzählmühle u. v. a. an. Ziel dieser ersten vorbereitenden Phase des Schreibens ist es, die Erfahrungen der Kinder zu einem Thema zu aktivieren. Kinder können nur zu Themen schreiben, die sie mit Erfahrungen verbinden können, zu denen sie Gefühle und Ereignisse assoziieren und bzw. oder die mit bestimmten Werten besetzt sind. Kein Kind kann eine Weihnachtsgeschichte schreiben, wenn es dieses Fest noch nie gefeiert hat und die Bedeutung des Festes nicht kennt. Der persönliche Erfahrungsschatz fließt in jede Geschichte ein.

In der **Planung** wird der Schreibanlass geschaffen, die Ideen werden konkretisiert. Häufig werden in dieser Phase die bestehenden Vorstellungen auch ganz bewusst irritiert, um der Kreativität der Kinder Raum zu geben. Mit einem Fußballschuh werden z. B. bestimmte Situationen, Aktivitäten und auch Orte verbunden. Genauso verhält es sich mit einem hochhackigen Abendschuh. Treffen sich jedoch beide Schuhe, passt das nicht unbedingt in das gewohnte Denkschema. Sollen beide Schuhe dann auch noch ein spannendes Abenteuer erleben, ist die Fantasie der Kinder gefordert. In der Planungsphase werden Handlungsstränge kreiert. Gesteuert durch Impulse werden die Gedanken der Kinder in neue, ungewöhnliche Bahnen gelenkt, sodass die Geschichten in den Köpfen wachsen können. Die Handlungsstränge sollten jedoch nicht bis zum Ende ausfabuliert werden, da sonst der Reiz des Geschichtenschreibens verloren geht. Es geht also darum, die Handlungsstränge so weit auf den Weg zu bringen, dass die Kinder Ideen entwickeln, sie aber dennoch das Gefühl nicht verlieren, ihre eigene Geschichte zu schreiben. Texte, die nach solchen Inszenierungen entstehen, werden ganz verschieden sein. Jedes Kind wird seine eigene Geschichte schreiben, deren unterschiedliche Inhalte Voraussetzung für eine produktive Überarbeitung und eine interessante Präsentation sind.

In der Phase der Ideenfindung und in der Phase der Planung spielt das mündliche Erzählen eine besondere Rolle. Durch die gesprochene Sprache werden die Gedanken der Erzählenden strukturiert. Die Zuhörenden bekommen Anregungen, sodass das Erzählen nicht nur eine vorbereitende, sondern auch eine differenzierende Funktion hat. Wird beispielsweise nach dem Vorlesen eines Bilderbuchanfangs der mögliche Fortgang antizipiert, werden von jedem Schüler und jeder Schülerin die genannten Möglichkeiten ganz individuell bewertet. Einige Vorschläge kann man sich so gut vorstellen, dass in diese Richtung weitergedacht werden kann. Andere Möglichkeiten werden als Anreiz oder Hilfe für die eigene Geschichte gleich verworfen. Sie passen nicht in die vorhandene kognitive Struktur. In jedem Fall findet ein Sortieren statt. Das Grobgerüst für die eigene Geschichte entsteht. Da in der Planungsphase die Ideen häufig auch visualisiert oder Möglichkeiten zum kreativen Ausprobieren des Geschichtenverlaufs gegeben werden, sind die Kinder mit ihrer Geschichte nicht alleingelassen. Die Hemmung vor dem weißen Blatt, vor dem Beginn wird durch die Planung verhindert. Kinder freuen sich darauf, ihre Geschichte nach der Vorbereitung endlich zu schreiben.

Das **Verfassen des Textes** ist ein eigenaktiver Prozess und sollte prinzipiell in Einzelarbeit erfolgen. Kein Kind kann sich so genau in die Gedanken eines anderen Kindes hineinversetzen, dass eine Partnerarbeit angemessen wäre. Schreibspiele bilden hier eine Ausnahme, weil es in der Regel nicht um das sich Hineinversenken in einen Text geht, sondern der spielerische Umgang mit Sprache im Vordergrund steht.

Die Blätter, auf denen die Kinder die Geschichten schreiben, sollten angemessen groß sein. Ein DIN-A5-Format ist hierfür besonders geeignet, da einerseits der Schreibumfang begrenzt wird. Andererseits wird dem bei kleineren Blättern auftretenden „Postkarteneffekt“ entgegengewirkt. Die Kinder fangen an zu schreiben und schreiben von Zeile zu Zeile kleiner, um sich dann doch ein zweites Blatt zu holen.

Die **Überarbeitung** sollte schon beim Vorbereiten der Schreibblätter bedacht werden. Grundsätzlich wird jede Geschichte überarbeitet. Die Methode des Überarbeitens kann jedoch variieren und ist auch von der Art des Textes abhängig. Auf dem Schreibblatt muss Platz für Korrekturhinweise eingeplant werden. Es gibt die Möglichkeit, dass nur jede zweite Zeile beschrieben und die leere Zeile zur Korrektur verwendet wird. Andere Möglichkeiten bestehen darin, nur das halbe Blatt zu beschreiben oder die Tipps und Anmerkungen generell auf ein weiteres Blatt zu schreiben. Die Entscheidung hängt von der Altersstufe, von der Art der Geschichte und auch von der Professionalität der Überarbeitungsgruppe ab. In jedem Fall sollten feste Regeln eingeführt werden.

Da es das primäre Ziel ist, Freude am Schreiben aufzubauen, muss zu Beginn jeder Besprechung herausgestellt werden, was in der Geschichte gut gelungen ist. Schreibmotivation kann nur aufgebaut werden, wenn die Kinder als erstes Feedback auf ihre Geschichte eine positive Reaktion erfahren. Auch bei Geschichten, die noch nicht der Idealvorstellung von Lehrerinnen und Lehrern sowie Schülerinnen und Schülern entsprechen, ist das möglich. Vielleicht macht die Überschrift neugierig oder die handelnden Personen haben schöne Namen oder der Ort der Handlung wurde gut ausgewählt usw. Möglichkeiten zum Loben gibt es immer, denn kein Kind schreibt absichtlich Sätze oder Satzfragmente, bei denen ein Handlungsstrang nur schwer zu erkennen ist. Diese Kinder brauchen das Lob ganz besonders, damit sie in der Überarbeitung nicht demotiviert werden. Die Überarbeitung bei solchen Geschichten könnte so aussehen, dass nur die ersten Sätze korrigiert werden, das heißt ganz konkret: Sie werden neu geschrieben. Hier ist es hilfreich, wenn das Kind die Handlung erzählt und die Lehrkraft gemeinsam mit ihm die ersten Sätze formuliert. In jedem Fall sollte der Autor die Entscheidung treffen. Er muss bei jeder Formulierung gefragt werden und immer das Gefühl haben, seine Geschichte zu schreiben. Er muss ernst genommen werden. Kinder, mit denen ich Geschichten auf diese Weise überarbeitet habe, fehlte häufig noch das Gefühl für eine Geschichte. Oft hatten diese Kinder viele Ideen im Kopf, die dann aber völlig unstrukturiert aufgeschrieben wurden oder sie meinten, gar keine Ideen zu haben. Durch persönliche Zuwendung kann gerade diesen Kindern deutlich gemacht werden, dass auch sie in der Lage sind, schöne Geschichten zu schreiben.

Die normierte Rechtschreibung steht beim Schreiben von Geschichten nicht an erster Stelle. Lehrerkommentare wie: „Du hast eine schöne Geschichte geschrieben. Leider sind noch sehr viele Rechtschreibfehler in deinem Text. – ausreichend“ müssen der Vergangenheit angehören. Die Rechtschreibung sollte beim Verfassen von Texten nicht bewertet werden. Im Rahmen der Überarbeitung ist es dennoch möglich und auch sinnvoll, eine rechtschriftliche Korrektur durchzuführen. Kinder haben weniger Schwierigkeiten beim Lesen, wenn die Wörter normgerecht geschrieben sind. Diese Funktion der Rechtschreibung sollte deshalb im Vordergrund stehen und nicht das akribische Anstreichen von Fehlern. Haben sich bei der Abschrift der Geschichten, bei der Übertragung auf das Präsentationsmedium, dennoch Fehler eingeschlichen, so ist genau abzuwägen, ob es sinnvoll ist, in das Original der Kinder hineinzuverbessern. Nicht jedes falsch geschriebene Wort wird sich in das Gedächtnis der Kinder einprägen. Das passiert ja auch mit den richtig geschriebenen Wörtern nicht!

Die Überarbeitung von Geschichten ist ein langwieriger Prozess. Es erfordert viel Geduld und viel exemplarisches Arbeiten, bis eine Gruppe von Kindern allein in der Lage ist, eine Geschichte zu verbessern. In jedem Fall braucht die Gruppe ganz konkrete Anleitungen. Beispiele hierfür befinden sich in den einzelnen Kapiteln des Buches. Die Überarbeitungsanregungen sind nicht nur auf das konkrete Beispiel beschränkt, sondern können auf jede andere Geschichte übertragen werden.

Die **Präsentation** der Geschichten ist ein überaus wichtiger Aspekt im Schreibprozess. Hier werden die Texte der Kinder gewürdigt, hier ist der Platz, an dem sie nach harter Arbeit stolz auf sich sein können. Die fertigen Geschichten dürfen nicht auf dem Dachboden der Schule verschwinden, sie müssen öffentlich gemacht werden. Als Erwachsener würde man ja auch keine Rede zu einem besonderen Anlass schreiben, um sie dann in einer Schublade aufzubewahren! Als Präsentationsort bietet sich zunächst die Schule an. Die Geschichten können vor der eigenen Klasse, vor einer fremden Klasse oder in Lesungen in der Pausenhalle vorgetragen werden. Besonders stolz sind die Kinder, wenn sie vor einem erwachsenen Publikum vorlesen dürfen. Hier bieten sich literarische Nachmittage mit Eltern, Großeltern, Nachbarn, Freunden u. a. an. Kindern, die in diesem Rahmen ihre Geschichten präsentieren, wird der Sinn der Überarbeitung und die Notwendigkeit des „Lesenübens“ transparent. Oft haben Kinder ihre Geschichten vor einem literarischen Nachmittag so oft gelesen, dass große Passagen auswendig aufgesagt werden könnten. Besonders beliebt sind auch außerschulische Präsentationen. Lesungen in Altersheimen oder bei Kaffeenachmittagen von Senioren sind sehr zu empfehlen. Der Nutzen ist sowohl aufseiten der Zuhörenden als auch aufseiten der Lesenden deutlich spürbar. Für die Zuhörerinnen und Zuhörer ist es eine willkommene, erfrischende Abwechslung und für die Leserinnen und Leser ist es ein Auftritt in der Öffentlichkeit, der den kommunikativen

Charakter des Schreibens betont und außerdem das Selbstvertrauen der Kinder stärkt.

Neben dem Vorlesen der Geschichten sind Ausstellungen jeder Art als Präsentation geeignet.

In den folgenden Schreibbeispielen werden v. a. die Aspekte der **Ideenfindung**, der **Planung**, der **Überarbeitung** und der **Präsentation** vorgestellt. Besondere Beachtung finden jeweils die Bereiche der Ideenfindung und der Planung, da sie als Vorbereitung für die Geschichten elementar sind und in der bisherigen Schreibpraxis oft vernachlässigt oder gar nicht bedacht wurden. Dabei wird gerade in diesen Phasen der Grundstock für die Schreibmotivation gelegt. So wird sichergestellt, dass jedes Kind mit einer Idee im Kopf zu seinem Arbeitsplatz geht und zu schreiben beginnt.

Schreiben nach vorgegebenen Mustern

1

Das Schreiben nach vorgegebenen Mustern ist eine Methode, die schnell zu überaus wirkungsvollen Schülerergebnissen führt und deshalb sehr motivationsfördernd ist. Die vorgegebene Struktur und der vergleichsweise geringe Raum, der für den eigenen Schreibprozess zur Verfügung steht, lässt Schreibhemmungen gar nicht erst entstehen. Durch die Vorgabe wiederkehrender Sätze oder Wörter wird bei den Schülerinnen und Schülern eine Schreibblockade verhindert, die bei einem leeren Blatt entstehen könnte. Besonders Kinder, die bisher noch keine wirklich positiven Erfahrungen beim Schreiben von Geschichten gemacht haben, werden erstaunt sein, zu welchen Leistungen sie durch diese Methode fähig sind.

Häufig werden Gedichte als Grundlage für diese Methode ausgewählt. Für eine Textproduktion gibt es grundsätzlich zwei didaktische Ansätze: den handlungs- und produktionsorientierten Literaturunterricht sowie das kreative Schreiben.

Wird das Gedicht auf seine Strukturmerkmale reduziert und nur als Schablone bzw. als fester Rahmen für eine Textproduktion eingesetzt, ist diese Methode dem kreativen Schreiben zuzuordnen.

Die ausgewählten Gedichte können jedoch auch selbst zum Unterrichtsgegenstand werden. In diesem Fall würde ein Schreiben nach demselben Muster dem handlungs- und produktionsorientierten Literaturunterricht zuzuordnen sein. Durch den handelnden Umgang mit dem Gedicht, in diesem Fall durch das Schreiben eines Parallelgedichts, würde ein vertiefter Zugang zum Originalgedicht geschaffen werden. Das Ausprobieren kleiner lyrischer Formen fördert das Verständnis des Originalkunstwerkes, das durch die Selbsttätigkeit in seiner Struktur viel tiefer verstanden werden kann.

Werden die Gedichte nach dem handlungs- und produktionsorientierten Ansatz aufbereitet, sollte vor den Schreibversuchen der Kinder unbedingt eine inhaltliche Besprechung des jeweiligen Originalgedichts erfolgen.

Ein Gedichtvortrag muss in jedem Fall von der Lehrerin bzw. dem Lehrer erfolgen, da nur so eine adäquate Betonung, die einen ersten Schritt zur Texterschließung darstellt, gewährleistet werden kann. Beim Gedichtvortrag ist es ratsam, das Gedicht zweimal vorzutragen und beim zweiten Vortrag das Gedicht zu visualisieren. Das Anbieten eines weiteren sinnlichen Eingangskanals kann die Wirkung des Vortrags erhöhen.

Das Originalgedicht muss jedoch nicht zwangsläufig behandelt werden. Es besteht auch die Möglichkeit, im Sinne des kreativen Schreibens, lediglich die Gedichtstruktur zu übernehmen. Entscheidend ist der jeweilige didaktische Schwerpunkt der Stunde. In jedem Fall sollte mit den Originalgedichten sensibel umgegangen werden. Sie sollten als Kunstwerke behandelt werden.

1.1 Wettergedichte

Ich bin der Wind

Ich bin der Wind.
Über die Felder
jage ich Blätter.
Huiii und ich wirble
sie hoch.
Ich bin der Wind.
Soll ich dir Angst machen?
Das könnte ich auch.
Ich bin der Wind.
Den Wetterhahn auf
dem Kirchturm
mache ich zum
Propeller. Wetten?
Ich bin der Wind.
Aufgewacht ihr
müden Lüfte,
ihr Stubenhocker!
Ich bin der Wind.
Meer! Soll ich dir
Wellen machen?
Ich weiß, dass du
das magst!
Ich bin der Wind.
Ich bin frei!
Versucht doch,
mich einzufangen!

Erwin Moser

Das Gedicht „Ich bin der Wind“ fungiert als assoziativer Ausgangspunkt zum Schreiben analoger Texte. Die Kinder setzen sich mit dem Inhalt und den lyrischen Strukturmerkmalen des Gedichts auseinander und übertragen dann diese Struktur auf ihr eigenes Gedicht.

In dem Gedicht, das der Naturlyrik zuzuordnen ist, wird die Naturerscheinung „Wind“ personifiziert dargestellt. Aus der Ich-Perspektive wird von den verschiedenen Fähigkeiten des Windes berichtet. Die Zuhörenden bzw. Lesenden werden durch Frage- und Imperativsätze direkt angesprochen und in das Geschehen eingebunden. Das Gedicht erhält dadurch einen Wirklichkeitsbezug, der es dem Rezipienten erleichtert, sich darauf einzulassen. Besonders Kinder haben die Macht, die Schnelligkeit und die Bedrohung durch den Wind, die im Gedicht angesprochen wird, schon selbst erlebt und können erste eigene Bezüge herstellen. Sprachlich wird den Attributen des Windes durch kurze Sätze, die parataktisch aneinandergereiht sind, und durch ausdrucksstarke Bewegungsverben (jagen, einfangen, wirbeln) Rechnung getragen.

Das Gedicht umfasst 27 Verse, wobei sich der Titel „Ich bin der Wind“ sechsmal wiederholt. Dieses Stilmittel wird für die Schreibversuche der Kinder aufgegriffen und legt die Struktur und die äußere Form fest. Die 27 Verse stehen strophen- und reimlos untereinander, was für das Schreiben eines Parallelgedichts sehr günstig ist, da die Schülerinnen und Schüler ihren Gedanken und Fantasien freien Lauf lassen können und nicht durch den Reimzwang eingeengt werden.

Das Thema „Wetter“ hat für die Schülerinnen und Schüler eine zentrale Bedeutung. So bestimmt doch häufig die jeweilige Wetterlage das Freizeitverhalten der Kinder. Fahrrad fahren oder inlineskaten macht bei Regen nicht wirklich Spaß, der Drachen wird nur erfolgreich am Himmel tanzen, wenn ausreichend Wind vorhanden ist, der Schwimmbadbesuch hängt entscheidend von der Sonne ab und auch die Dauer der individuellen Freizeitgestaltung wird vom Wetter beeinflusst. So dürfen sich beispielsweise viele Kinder bei Gewitter nicht verabreden, wenn sie den Hin- und Rückweg selbstständig bewerkstelligen müssen. Somit entstammt das Thema „Wetter“ der direkten Lebens- und Erfahrungswelt der Kinder. Auch die emotionale Ansprache ist gewährleistet. Es wird kaum ein Kind geben, das bei Gewitter oder auch starkem Sturm keine negativen Gefühle hat. Außerdem werden extreme Wettererscheinungen zunehmend häufig in den Medien thematisiert, sodass besonders ihre negativen Auswirkungen den Schülerinnen und Schülern bekannt sind.

Beim Verfassen der Parallelgedichte geht es primär darum, die Kinder Freude am Schreiben erfahren zu lassen, wobei die orthografische Richtigkeit eine untergeordnete Rolle spielt. Sicherlich sollten die Schülergedichte, besonders wenn sie veröffentlicht werden, orthografisch richtig sein. Aber: Aus einer Schreibstunde darf keine Rechtschreibstunde gemacht werden.

Als Einstimmung in das Thema und zur Sensibilisierung der **Ideenfindung** eignet sich je nach Wetterlage ein Unterrichtsgang. Ein unmittelbares sinnliches Spüren des Windes (der Wind weht in den Haaren und wird auf der Haut gespürt), das Sehen der Auswirkungen des Windes (Blätter werden hochgewirbelt, Windräder drehen sich, Fahnen flattern im Wind) oder auch das direkte Spüren der Bedrohung durch den Wind (man muss sich bei starkem Wind beim Gehen richtig anstrengen, der Wind macht furchterregende Geräusche, Dachziegel fallen herunter) bringen den Kindern die unterschiedlichen Erscheinungsformen des Windes nahe. Alternativ, jedoch nicht so wirkungsvoll, könnten Realien (Drachen, Spielzeugwindrad, Blätter) eingesetzt werden, die auditiv durch entsprechende Windgeräusche unterstützt werden können.

Im Anschluss an die ersten sinnlichen Erfahrungen bietet sich ein Gespräch mit den Schülerinnen und Schülern an. Erzählungen von Situationen, in denen extreme Wetterverhältnisse geherrscht haben, schaffen eine direkte emotionale Verbindung, was sich positiv auf die Schreibhaltung der Kinder auswirkt. Parallel oder auch im Anschluss an das Gespräch können die genannten Schülerbeiträge an der Tafel in Form eines Clusters gesammelt und strukturiert werden.

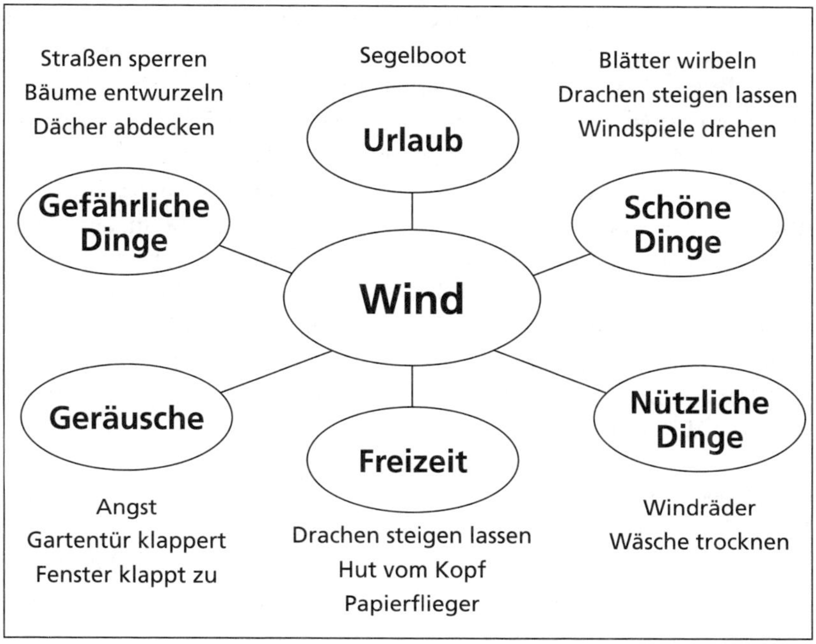

Tafelbild

Methodisch gibt es für die Erstellung des Tafelbildes verschiedene Möglichkeiten. Zum einen können die Schülerbeiträge thematisch zusammenhängend aufgeschrieben werden und die passende Überschrift bzw. der Oberbegriff werden gemeinsam gesucht. Zum anderen können die Oberbegriffe vorgegeben werden und die Schülerinnen und Schüler konkretisieren durch ihre Erzählungen, in welchem Zusammenhang der Wind mit den einzelnen Aspekten steht. Eine weitere Möglichkeit der Ideensammlung wäre es, die Oberbegriffe im Rahmen einer Gruppenarbeit zu verteilen. Die Kinder würden sich in der Gruppe Gedanken zu ihrem Aspekt machen und ihn der Klasse dann vorstellen. Ein Ergänzen durch andere Schülerinnen und Schüler sollte immer möglich sein. Wichtig ist es, den Kindern zu verdeutlichen, dass einzelne Aspekte (z. B. Drachen steigen lassen) durchaus mehreren Oberbegriffen zugeordnet werden können und dass die Überschriften in den Ellipsen nicht festgelegt sind. So wäre beispielsweise auch die Überschrift „Lustige Dinge" möglich. Hier könnte dann das „Wegwehen des Hutes" zugeordnet werden.

Das Erstellen des Tafelbildes ist bezogen auf den Schreibprozess der Übergang von der Ideenfindung zur **Planung**. Durch das Erzählen thematisch passender Begebenheiten konkretisieren sich die Geschichtenideen in den Köpfen der Kinder. Die unterschiedlichen Aspekte des Windes, die angesprochen werden, stehen außerdem in einem direkten

Zusammenhang zur Struktur des Parallelgedichts. So könnten sich später die Leerzeilen zwischen den vorgegebenen Versen „Ich bin der Wind“ inhaltlich mit einem Oberbegriff auseinandersetzen. Die fehlende Reimstruktur erleichtert den Kindern das Schreiben, denn sie können Begebenheiten aus der Erzählphase oder auch eigene bedeutsame Geschehnisse ohne formale Vorgaben aufschreiben. Auch der grundsätzlich zum Schreiben zur Verfügung stehende Raum, der durch die vorgegebenen Zeilen begrenzt und überschaubar ist, wirkt sich generell motivationsfördernd auf die Schülerinnen und Schüler aus. Die Möglichkeit der quantitativen Differenzierung ist bei diesem Parallelgedicht sehr gut gegeben. Kinder, die noch mehr Ideen haben, fügen den Vers „Ich bin der Wind“ nochmals ein und schreiben zu einem weiteren Windaspekt.

Die Begegnung mit dem Originalgedicht kann vor oder auch nach der Ideensammlung an der Tafel erfolgen. Das Optimum wäre ein freier, expressiver Lehrervortrag, der gestisch und auch durch Realien (z. B. Blätter hochwerfen in Vers 4) unterstützt werden kann. Der Lehrervortrag sollte zweimal erfolgen und beim zweiten Mal durch ein Gedichtplakat oder eine Folie auf dem OH-Projektor unterstützt werden. So werden die Kinder sowohl auditiv als auch visuell angesprochen. Der wiederkehrende Vers „Ich bin der Wind“ kann grundsätzlich durch Dickdruck hervorgehoben oder beim Nennen des Strukturmerkmals gekennzeichnet werden. Die inhaltliche und strukturelle Betrachtung des Gedichts sollte in einem gelenkten Unterrichtsgespräch erfolgen. Geschieht die Gedichtbegegnung vor der Ideensammlung sollten Schüleräußerungen zum Inhalt des Gedichts an erster Stelle stehen. Das Erzählen eigener Windbegegnungen stellt eine Parallele zum Originalgedicht her und wirkt sich positiv auf die spätere Ideenfindung an der Tafel aus.

Im Anschluss an die inhaltliche Betrachtung müssen die strukturellen Besonderheiten erarbeitet und visualisiert werden:
- Wiederholung des Titels
- Fähigkeiten und Eigenschaften des Windes werden genannt.
- Der Wind spricht in Ich-Form.
- keine Strophen
- kein Reim

Die Ich-Form und die Wiederholung des Titels sind als Strukturelemente auf dem Arbeitsblatt (s. S. 34) bereits enthalten. Die Leerzeilen nach dem sich wiederholenden Vers müssen nicht alle zwingend vollgeschrieben werden. Alternativ kann auch ein Arbeitsblatt ohne Strukturvorgabe verteilt werden (s. S. 35).

Ein exemplarisches Erarbeiten der ersten Verse, die dann auch an der Tafel visualisiert werden sollten, stellt eine Hilfestellung dar. Leistungsschwächere Schülerinnen und Schüler könnten diesen Anfang übernehmen, um so besser in ihren Produktionsprozess zu kommen. In der **Schreibphase** kann ein Parallelgedicht zum Thema „Wind“ verfasst werden. Alternativ können jedoch auch andere Wettererscheinungen oder die Elemente „Feuer“ und „Wasser“ im Sinne des kreativen Schreibens angeboten werden:

Ich bin die Sonne	Ich bin der Nebel
Ich bin das Wasser	Ich bin das Feuer
Ich bin das Gewitter	Ich bin der Regenbogen

Beim Schreiben zu anderen Wettererscheinungen, die auch von den Kindern selbstständig genannt oder noch ergänzt werden können, kann vorbereitend ebenfalls eine Ideenfindung in Form eines Clusters durchgeführt werden. Zu jeder Wettererscheinung können schöne, schlechte, nützliche, gefährliche u. a. Aspekte zusammengetragen werden, die dann konkretisiert werden. Diese Ideenfindung kann in unterschiedlichen Sozialformen erfolgen. Weniger empfehlenswert ist die Vorgabe konkreter Sätze zu einzelnen Wettererscheinungen, da keine emotionale Auseinandersetzung mit dem Inhalt stattfindet.

Die Arbeitsblätter zur Ideenfindung sollten im Geschichtenordner bzw. Portfolio gesammelt werden. Zum einen wird der Schreibprozess so gut dokumentiert, zum anderen kann beispielsweise das Cluster als Hilfestellung bei anderen Schreibprozessen herangezogen werden.

Nach der rechtschriftlichen Korrektur können die selbstgeschriebenen Gedichte für die **Präsentation** aufbereitet werden. Hier sind je nach Wetterphänomen die unterschiedlichsten Gestaltungen, die auch fächerübergreifend im Fach Kunst angefertigt werden können, möglich. Vor der mündlichen Präsentation sollten die Kinder auf jeden Fall ihre Gedichte lesen üben, um die Wirkung des Vortrags zu erhöhen.

Ich bin der Nebel,
ich lasse die Leute
nichts mehr sehen.
Ich sehe besser als sie.

Ich bin der Nebel,
ich mag es nicht, wenn
man mich einfangen will
Ich schwebe
über die Landschaft
und die Leute laufen
laufen alle vor mir weg.
Wenn du schläfst, lasse
ich dich nur Böses träumen.

Ich bin der Nebel,
ich neble alle Straßen
zu, so dass die Autos
gegen einander fahren und
Unfälle passieren. Ich schwebe
nachts um dein Haus.
Ich gehe immer an dein Fenster
und will dir Angst machen.
Wetten, dass ich dass kann.

Nebelgedicht von Helena (Klasse 4a)

1.2 Jahreszeitengedichte

Jahreszeitengedichte können zu den vier Jahreszeiten Frühling, Sommer, Herbst und Winter oder auch zu besonderen Festen wie Weihnachten und Ostern verfasst werden. Weihnachten hat für die Kinder in der Grundschule dabei eine ganz besondere Bedeutung, sodass der emotionale Zugang schon durch die Thematik gegeben ist. Aber auch die bewusste Auseinandersetzung mit der Natur ist ein grundschulrelevantes Thema. Kinder dieser Altersstufe verbringen einen großen Teil ihrer Freizeit draußen. Sie werden durch das Jahreszeitengedicht für die Veränderungen in der Natur sensibilisiert.

Wichtig ist es, ein Jahreszeitengedicht zeitlich früh in der entsprechenden Jahreszeit zu behandeln. So sollte die Jahreszeit „Frühling" vor Ostern und die Jahreszeit „Winter" vor Weihnachten behandelt werden. Kinder sind genau wie auch Erwachsene „der Zeit häufig voraus". So ist beispielsweise nach den Osterferien das Erwachen der Natur im Frühling nicht mehr aktuell, da sich die Kinder wahrscheinlich gedanklich schon mit dem ersten Besuch im Schwimmbad beschäftigen.

Das Jahreszeitengedicht ist ein Gedicht mit vorgegebenem Muster, das sich in der Struktur an die Monatsgedichte von Elisabeth Borchers anlehnt (vgl. Borchers 1965). Folgende Strukturmerkmale sollen erarbeitet und dann im Gedicht umgesetzt werden:

- Als einleitendes Strukturierungsmerkmal beginnt jede Strophe mit „Es kommt eine Zeit".
- Jede Strophe beschreibt einen anderen Aspekt der entsprechenden Jahreszeit, z. B. Natur, Wetter, Kleidung, Freizeitverhalten, besondere Aktivitäten, Garten, Tiere, Urlaub, Essen, Trinken usw.
- Jede Zeile beginnt mit „da". Neben der strukturierenden Funktion ist der wiederkehrende Gebrauch von „da" ein lyrisches Stilelement, das die Wirkung der Schülergedichte erhöht.
- Die abschließende Zeile fasst den Inhalt des Gesamtgedichts noch einmal zusammen oder thematisiert den persönlichen Zugang zu der entsprechenden Jahreszeit.

Vor der Ideensammlung bietet sich ein Unterrichtsgang an. So könnte man beispielsweise an einem der ersten schönen Frühlingstage mit den Kindern einen Spaziergang machen und sie bitten, die Veränderungen in der Natur zu beobachten. Alternativ könnten auch verschiedene Frühblüher in den Klassenraum mitgebracht und so der Frühling für die Schülerinnen und Schüler „inszeniert" werden.

Angeregt durch die Realien und durch konkrete Impulse wird dann ein Brainstorming zum Thema „Frühling“ durchgeführt. Die Beiträge der Kinder werden stichwortartig und zunächst unsortiert an der Tafel gesammelt. Im Vorfeld sollte sich die Lehrkraft genau überlegen, welche Aspekte des Frühlings sie thematisieren möchte und entsprechende Impulse vorformulieren, aufgrund derer dann die Schülerantworten antizipiert werden können.

Im vorliegenden Beispiel wurden die Oberbegriffe „Natur“, „Wetter“, „Freizeit“, „Kleidung“, „Osterferien“ und „Essen“ als mögliche Aspekte des Frühlings vorgegeben:

- „Im Frühling gibt es ein besonderes Fest.“
- „Im Frühling kann man andere Spiele spielen als im Winter.“
- „Vergleicht mal eure Kleidung vom Winter und vom Frühling.“
- „Gibt es Veränderungen, wenn wir auf den Schulhof schauen?“

Diese Denkanstöße sind Beispiele, die eine möglichst vielfältige erste **Ideenfindung** zum Thema „Frühling“ gewährleisten können.

keine Mütze
Tulpen
morgens hell
warm
Ostereier suchen
Blüten
Bienen
grillen
Eisdielen öffnen
Vogelgezwitscher
grün
Frühling
Erdbeeren
Käfer
inlineskaten
Weidenkätzchen
blauer Himmel
kein Schal
Schneeglöckchen
Spielplatz
Fußball spielen
Skiurlaub
keine dicke Jacke
Sonnenbrille
Sonnenschein

Tafelbild

Nach der Ideenfindung geht es in die **Planungsphase**. Als stummer Impuls wird „keine dicke Jacke“ mit der Farbe lila unterstrichen und der Klasse als Aufforderung die lila Kreide gezeigt. Es wird nicht lange dauern und die Kinder haben die anderen Kleidungsstücke entdeckt, die dann ebenfalls farbig markiert werden. Dann wird mit grüner

Kreide z. B. „Schneeglöckchen“ unterstrichen usw., bis alle Wörter farbig unterstrichen sind und damit Oberbegriffen zugeordnet werden können. Eine eindeutige Zuteilung ist manchmal schwierig, sodass einzelne Wörter u. U. auch mit zwei Farben unterstrichen werden können.

Als nächsten Schritt zur Strukturierung nennen die Kinder die Oberbegriffe zu den jeweiligen farblichen Stichwörtern. Ein geordnetes Aufschreiben der Wörter nach den Oberbegriffen ist für die weitere Arbeit sehr hilfreich, da jeweils eine Strophe zu einem Oberbegriff verfasst werden soll. Die Arbeitsergebnisse sollten zur Dokumentation des Schreibprozesses aufbewahrt werden.

FRÜHLING

Natur	**Wetter**	**Freizeit**
Schneeglöckchen	morgens hell	inlineskaten
Weidenkätzchen	warm	Fußball spielen
Blüten	blauer Himmel	Fahrrad fahren
grün	Sonnenschein	Spielplatz
Vogelgezwitscher		
Käfer		
Tulpen		
Bienen		

Kleidung	**Osterferien**	**Essen**
keine dicke Jacke	Ostereier suchen	Erdbeeren
Sandalen	ausschlafen	Eisdielen öffnen
Sonnenbrille	Freunde besuchen	grillen
keine Mütze	Skiurlaub	
kein Schal		

Beispiel

Für die Ideensammlung und die Planungsphase ist zeitlich eine Unterrichtsstunde einzuplanen.

Nun sollen die Kinder eigene **Texte** zum Thema „Frühling“ **verfassen**. Dafür wird zunächst die schablonenartige Gedichtvorgabe als stummer Impuls an der Tafel oder auf dem OH-Projektor präsentiert (s. S. 36).

Als Hinweis können die einzelnen Strophen mit den Oberbegriffen aus der Ideensammlung in Verbindung gebracht werden. Durch das exemplarische Erarbeiten der ersten Strophen oder auch des ganzen

Gedichts wird den Schülerinnen und Schülern der Arbeitsauftrag deutlich. Außerdem erfahren sie beim Vorlesen des Gedichts dessen Wirkung, was sich wiederum motivationsfördernd in Bezug auf den eigenen Schreibprozess auswirkt. Wichtig ist es, dass die Kinder inhaltlich innerhalb einer Strophe bei einem Oberbegriff bleiben. Die Ideensammlung stellt eine Hilfe dar, muss aber nicht zwangsläufig genutzt werden. So hat z. B. ein Schüler aus der vierten Klasse das ganze Gedicht zum Thema „Skiurlaub" verfasst und sich für die Strophen einzelne Aspekte herausgesucht: Hinfahrt mit Stau, Schneeketten anlegen, erste Erfahrungen auf den Skiern. Grundsätzlich sind auch andere Oberbegriffe möglich. Bei der Schülerin Sandra war es beispielsweise das Thema „Geburtstag". Ihr Geburtstag Anfang April ist für sie das Wichtigste im Frühling und musste im Gedicht thematisiert werden.

Frühling
Es kommt eine Zeit,
da *ist es morgens hell,*
da *sehe ich nur blauen Himmel,*
da *wärmt mich die Sonne schon.*

Es kommt eine Zeit,
da *bleiben die Handschuhe im Schrank,*
da *kauft Mama neue Anziehsachen für mich,*
da *kann ich Sandalen anziehen.*

Es kommt eine Zeit,
da *sieht es in unserem Garten ganz gelb aus,*
da *blühen die Bäume und die Osterglocken,*
da *hört man die Bienen summen.*

Es kommt eine Zeit,
auf die freue ich mich sehr.

Frühlingsgedicht von Julius (Klasse 4c)

Bei der Gestaltung des Arbeitsblattes sind unterschiedliche Varianten möglich. Die Strophenanzahl und die Zeilenanzahl der einzelnen Strophen kann variiert werden. Bei den einzelnen Strophen sollte das „da" jedoch mindestens dreimal wiederholt werden, um die literarische Wirkung auszuschöpfen. In der letzten Zeile ist es empfehlenswert, keinen Satzanfang vorzugeben, damit das zusammenfassende Statement bzw. Gefühl syntaktisch nicht eingeschränkt wird.

1.3 Sinnesgedichte

Sinnesgedichte eignen sich gut, um zu dem Thema „Jahreszeiten“ eigene Texte zu schreiben. Bei der Struktur dieses Gedichttyps habe ich mich an dem Gedicht „Frühling“ von Christine Nöstlinger orientiert. In dem Gedicht beschreibt die Autorin die mit dem Frühling verbundenen Empfindungen der Mitglieder einer Familie. Dabei hebt sie ganz besonders die Bedeutung der fünf Sinne zur Wahrnehmung des Frühlings hervor.

Frühling
Eines Morgens
ist der Frühling da.
Die Mutter sagt,
sie riecht ihn in der Luft.
Pit sieht den Frühling.
An den Sträuchern im Garten
sind hellgrüne Tupfen.
Anja hört den Frühling.
Neben ihr, auf dem Dach,
singen die Vögel.
Unten vor dem Haus
steigt Vater in sein Auto.
Er fühlt den Frühling.
Die Sonne scheint warm
auf sein Gesicht.
Aber schmecken
kann man den Frühling noch nicht.
Bis die Erdbeeren reif sind,
dauert es noch lange.
Christine Nöstlinger

Für das Schreiben eines Sinnesgedichts ist die Behandlung des Gedichts von Christine Nöstlinger nicht zwingend notwendig. Eine Besprechung von Inhalt und Struktur kann aber grundsätzlich vor dem Schreibprozess erfolgen. Der Gedichtinhalt könnte dann in die Ideensammlung eingearbeitet werden.

Eine sinnliche Begegnung mit der Jahreszeit (Unterrichtsgang, inszenierte Mitte im Klassenraum mit zur Jahreszeit passenden Realien) stimmt die Schülerinnen und Schüler emotional ein und sensibilisiert sie für das Thema.

Als stummer Impuls wird für diesen Schreibanlass das Thema „Winter“ an die Tafel geschrieben und Bilder von den einzelnen Sinnesorganen (Auge, Ohr, Nase und Hand) werden aufgehängt. Die Schülerinnen und Schüler äußern sich spontan oder auch impulsgeleitet. Die Lehrkraft fasst die Beiträge der Kinder, die manchmal auch im Erzählen ganzer Geschichten bestehen, stichwortartig an der Tafel zusammen. Das Erzählen kleiner Geschichten sollte im Rahmen der **Ideensammlung** auf jeden Fall zugelassen werden, weil dadurch die Gedanken der Kinder strikt auf das Thema gerichtet werden und erste Ideen in ihren Köpfen entstehen können.

WINTER	
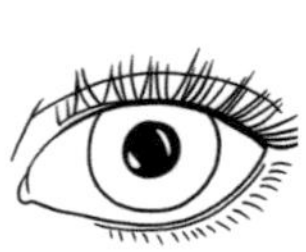 Schnee auf den Tannen, Weihnachtsbeleuchtung, Schneemann, Spuren im Schnee, Vögel im Vogelhaus, Weihnachtsmann, Weihnachtskugeln am Baum, Streuwagen, Kerzen leuchten, geschmückte Häuser, Strohsterne, Mütze, Schal, Handschuhe, Schlittschuhläufer, Pakete	 Plätzchenduft, Kerzenduft, Gänsebraten, Bratäpfel, gebrannte Mandeln, Tannenduft, Zimt, Glühwein, Nelken, die in Orangen stecken, Räuchermännchen, heiße Schokolade
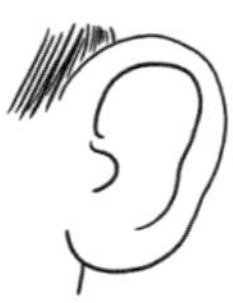 Glocken klingeln, Weihnachtslieder, Papa schiebt Schnee, Papier raschelt, Weihnachtsgedichte	 kalte Hände, Tannennadeln pieksen, Plätzchenteig an den Händen, Schnee schmilzt in der Hand

Tafelbild

Nach der Ideenfindung wird die unausgefüllte Gedichtvorlage präsentiert (s. S. 37) und exemplarisch mit der Klasse erarbeitet.

Als erstes Wort jeder Strophe sollte der Name eines Familienmitglieds eingetragen werden. Prinzipiell könnten auch Namen von Mitschülerinnen und Mitschülern oder Freundinnen und Freunden verwendet werden. Häufig lenken diese Namen jedoch vom Gedichtinhalt ab und es mindert die Wirkung beim Gedichtvortrag.

Die Anzahl der Leerzeilen in jeder Strophe kann differenziert werden. Es ist auch möglich, zu einem Sinnesorgan zwei Verse und zu einem anderen vier Verse zu schreiben. Die vorgegebene Zeilenlänge bewirkt, dass die Kinder keinen Fließtext schreiben, sondern den Zeilenumbruch häufig schon nach Sinnabschnitten gestalten. Zusätzlich zu den hier ausgewählten Sinnen kann auch der Geschmackssinn einbezogen werden. Die Gedichtschablone müsste dann erweitert werden.

Winter
Eines Morgens
ist der Winter da.

Mama sieht den Winter.
In der Nacht hat es geschneit.
Alle Pflanzen und Sträucher
liegen unter einer dicken Schneedecke.

Oma hört den Winter.
Opa ist schon früh aufgestanden.
Es schiebt den Schnee von den Wegen.

Opa fühlt den Winter.
Er hat sich keine Handschuhe angezogen.
Seine Hände werden immer kälter.
Den kleinen Finger fühlt er gar nicht mehr.

Papa riecht den Winter.
Er kommt von der Arbeit
und geht ganz schnell in die Küche.
Dort liegen die bunt verzierten Plätzchen.
Einige fehlen schon.

Wintergedicht von Dennis (Klasse 3b)

1.4 Kinderzimmermärchen

In diesem Schreibbeispiel wird die Fantasie der Kinder in besonderem Maße angeregt. Mithilfe der Fantasie sind Menschen in der Lage, sich Bilder so anschaulich wie in der Wirklichkeit vorzustellen. Dabei laufen in der Fantasie aber nicht nur Reproduktionsprozesse ab, sondern es findet auch eine Umbildung des Reproduzierten statt. Die Bilder der subjektiv erfahrenen Welt können in der Fantasie umgedeutet und verändert werden. Der Mensch kann sich auch etwas einbilden, vorstellen und ausmalen, was er in dieser Form noch nicht wirklich wahrgenommen hat. Diese Voraussetzung für Kreativität lässt sich sehr gut mit den Prinzipien des kreativen Schreibens vereinbaren (vgl. Spinner 1992, S. 82). Das Grundprinzip der Irritation besagt, dass eingeschliffene Handlungsmuster und Vorstellungen aufgebrochen, irritiert werden müssen. Beim Betreten einer Bäckerei erwartet man eine Verkäuferin hinter der Auslage. Wenn anstelle der Verkäuferin dort ein Schornsteinfeger bedienen würde, wäre man als Kunde verwundert. Der Schornsteinfeger passt nicht in diesen Rahmen, er könnte aber gut Ausgangspunkt für neue Vorstellungen, Ideen und Gedanken sein.

Beim „Kinderzimmermärchen" wird diese Irritation in Bezug auf bekannte Märchentypen durchgeführt. Jedes Kind hat bestimmte Vorstellungen vom König, der Königin, der Prinzessin, der Hexe, dem Ritter u. a. Diese Vorstellungen sind nicht bei allen Menschen identisch, werden jedoch in vielen Bereichen deckungsgleich sein. So ist die Prinzessin meist jung, schön und blond, während die Hexe alt, hässlich und oft auch durch ein besonderes Merkmal (z. B. Warze) gekennzeichnet ist. Beim Kinderzimmermärchen werden nun die Märchentypen mit Gegenständen aus dem Kinderzimmer in Verbindung gebracht. Eine „Buntstifthexe", ein „Mathebuchkönig", ein „Computerprinz" oder eine „Teddybärenprinzessin" fallen aus dem gewohnten Bild und wirken schon allein durch die Wortneuschöpfung kreativitätsfördernd.

Bevor die Kinder ein eigenes Kinderzimmermärchen verfassen, sollen sie zunächst in die linke Spalte eines dreispaltigen Arbeitsblattes Gegenstände schreiben, die sich in ihrem Kinderzimmer befinden. Durch die Aufforderung, Gegenstände auszuwählen, die ihnen besonders wichtig sind, wird eine erste emotionale Betroffenheit erzeugt, die für den Schreibprozess förderlich ist. In die rechte Spalte werden nun typische Märchenfiguren geschrieben. Hier muss mit den Schülerinnen und Schülern besprochen werden, dass es sich nicht um bekannte Märchenfiguren wie Dornröschen oder den Froschkönig handeln soll, sondern um Typen (z. B. König, Prinzessin usw.). Die beiden Spalten sollten zwischen vier und sieben Wörter umfassen. Das eigentliche Kinderzimmermärchen wird nun in die mittlere Spalte geschrieben. Es besteht aus einer festen Anzahl von Sätzen. Dazu stellt die Lehrkraft Fragen bzw. gibt Aufforderungen. Die Satzanfänge können je nach Leistungsstand der Klasse mündlich vorgegeben werden. Auf dem Arbeitsblatt sollten jedoch keinerlei Vorgaben gemacht werden.

(Gegenstände aus dem Kinderzimmer)	(Überschrift des Kinderzimmermärchens) ________________	(Typische Märchenfiguren)
Schultasche Schreibtisch Buch Kuscheltier Buntstifte Computer Spielzeug	(1. Satz) Erfinde deine Hauptfigur. Setze dazu ein Wort aus Spalte 1 und 3 zusammen. *Es war einmal* ________________ (2. Satz) Schreibe die Lieblingsbeschäftigung deiner Hauptperson auf. *Seine/Ihre Lieblingsbeschäftigung ist* *es,* ________________ (3. Satz) Erzähle, wer zu Besuch kommt. Setze dazu wieder ein Wort aus Spalte 1 und 3 zusammen. *Eines Tages klingelte es und* ________________ (4. Satz) Schreibe auf, welches Geschenk der Besuch mitbringt. *Er/Sie brachte* ________________ (5. Satz) Schreibe auf, was nun passiert. ________________	Hexe König Prinz Frosch Königin Prinzessin Prinz

Beispiel

Beim Erfinden der Hauptfigur sind die Kinder zunächst überrascht, reagieren dann aber schnell mit einem Grinsen, Schmunzeln oder leisem Lachen. Beim zweiten Satz, in dem die Lieblingsbeschäftigung der Hauptperson beschrieben werden soll, wird Neugier geweckt. Die Schülerinnen und Schüler haben erkannt, dass sie die von ihnen geforderte Aufgabe gut bewältigen können, und sind gespannt auf die nächste Aufforderung. Bemerkenswert ist, dass der zweite Satz immer in einem inhaltlichen Bezug zur imaginären Hauptperson steht. Kinder haben hier keine Schwierigkeiten, in eine Fantasiewelt einzutauchen. Das Auftreten einer zweiten Person ist wichtig für das Zustandekommen einer Geschichte. Spätestens mit dem Geschenk wird ein Handlungsstrang erkennbar, der mit einem fünften Satz beendet wird oder auch Anfangspunkt für eine längere Geschichte ist. Häufig fragen Kinder nach dem letzten Satz, ob sie die Geschichte weiterschreiben dürfen. Diesem Verlangen der Kinder sollte unbedingt stattgegeben werden. Die Rückseite des Arbeitsblattes bietet sich ja auch förmlich an. Faltet man die beiden Seitenspalten zur Mitte zusammen, entsteht je nach Gestaltung des Arbeitsblattes ein Geschichtenhaus oder auch ein Geschichtenschloss, was zur Präsentation mit geöffneten Toren (das sind die beiden Seitenspalten) aufgestellt werden kann. Für die Präsentation empfiehlt es sich, nach der orthografischen Korrektur, die Geschichten auf buntes Tonpapier zu schreiben. Eine grafische Ausgestaltung des Hauses bzw. Schlosses, die häufig einen inhaltlichen Bezug aufweist, rundet die Schreibaufgabe ab.

Der Ort für die Gegenstände der linken Spalte kann variiert werden. So eignen sich beispielsweise auch Gegenstände aus der Schultasche, aus dem Klassenzimmer, aus dem Keller oder vom Dachboden. Wichtig ist hier, dass die Kinder einen emotionalen Bezug zu den ausgewählten Dingen haben.

Schultaschenmärchen der Klasse 4a

Eine Schülerin der 4. Klasse wählte für ihr Märchen folgende Gegenstände aus dem Kinderzimmer: Fernseher und Bilder. Als Märchenfiguren hatte sich Emily eine Fee, einen Zauberer und eine Feenkönigin ausgesucht.

Das Spiel vom Zauberer und der Fee

Es war einmal eine Bilderfee. Ihre Lieblingsbeschäftigung war es, Bilder zu malen, auf denen die Feenkönigin war.

Eines Tages kam der Fernsehzauberer zu Besuch. Er brachte der Fee einen seiner gemeinen giftigen Zaubertränke mit. Aber die Fee kannte diesen Trank schon. Der Zauberer wollte nämlich die schönen Bilder von der Fee stehlen.

Die Fee sagte: „Wir spielen ein Spiel. Wenn du gewinnst, kriegst du meine Bilder und wenn ich gewinne, lässt du mich für immer in Ruhe."

Die Fee wusste den Trick für das Spiel und der Zauberer musste die Fee für immer in Ruhe lassen.

Ich bin ______________________________

____

____

Ich bin ______________________________

____

____

Ich bin ______________________________

____

____

Ich bin ______________________________

____

____

Ich bin ______________________________

____

____

Ich bin ______________________________

____

____

Ich bin ______________________________

____

Kopiervorlage 2: Wettergedichte (2)

Ich bin ______________________________

Es kommt eine Zeit,

da ______________________________

da ______________________________

da ______________________________

Es kommt eine Zeit,

da ______________________________

da ______________________________

da ______________________________

Es kommt eine Zeit,

da ______________________________

da ______________________________

da ______________________________

Es kommt eine Zeit,

____

____

____

Eines Morgens

ist der ______________________________ **da.**

______________ **sieht den** ______________.

____

____

______________ **hört den** ______________.

____

____

______________ **fühlt den** ______________.

____

____

______________ **riecht den** ______________.

____

____

2 Schreiben zu Bilderbüchern

Bilderbücher können im Deutschunterricht der Grundschule vielfältig eingesetzt werden. Die Themen sind kindorientiert und knüpfen an den Erkenntnis- und Wissensstand der Kinder an. Bilderbücher tragen besonders zur sprachlichen Entwicklung bei, fördern Kinder aber auch im kognitiven, sozialen und emotionalen Bereich. Außerdem wird durch das Betrachten der Bilder die Wahrnehmungsfähigkeit geschult, was sich positiv auf die Ausbildung von Imaginationskraft und Fantasie auswirkt.

Es gibt Bilderbücher ohne Text und Bilderbücher, in denen Bild- und Textelemente kombiniert werden. Häufig wird auf den Bildern der Textinhalt bzw. werden Teile des Textinhalts visualisiert. Die Bilder ergänzen sich in ihrer erzählenden Wirkung. Da sich Bilderbücher vorwiegend an Kinder wenden, die noch nicht lesen können, ist durch die Betrachtung der Bilder das Nachvollziehen des Inhalts gewährleistet. Die Texte sind häufig durch den Einsatz von Stilmitteln ästhetisch aufbereitet und sollten beim Vorlesen durch Betonung und den Einsatz von Gestik und Mimik in ihrer Wirkung noch unterstützt werden.

Methodisch gibt es viele Möglichkeiten, Bilderbücher als Schreibanlässe einzusetzen:

- Ein Bilderbuch ohne Text kann mit Sprechblasen oder Textabschnitten versehen werden.
- Zu einzelnen Bildern können Geschichten geschrieben werden.
- Der Anfang eines Bilderbuches kann erzählt oder vorgelesen werden, um danach die Fortsetzung der Geschichte zu antizipieren.
- Ein Bilderbuch kann durch eine weitere Geschichte fortgesetzt werden.

2.1 Eine Mäusegeschichte

Grundlage für das folgende Schreibbeispiel ist das Kinderbuch „Tillie und die Mauer“ von Leo Lionni.

Tillie vor der Mauer

Erzählt wird die Geschichte der kleinen Maus Tillie, die mit ihren Freunden an einer großen Steinmauer wohnt. Tillie ist neugierig auf die Welt hinter der Mauer und unternimmt verschiedene Versuche, die Mauer zu überwinden. So versucht Tillie z. B. mit ihren Freunden an der Mauer hochzuklettern, sie versuchen, mit einem Nagel ein Loch in die Mauer zu bohren und wandern an der Mauer entlang in der Hoffnung, das Ende der Mauer zu finden. Aber alle Versuche bleiben erfolglos. Als Tillie dann eines Tages einen Regenwurm beobachtet, der in der Erde verschwindet, hat sie die zündende Idee. Die Mäuse graben einen Tunnel und kommen tatsächlich auf der anderen Seite der Mauer heraus. Auf der anderen Seite der Mauer leben auch Mäuse, „ganz normale Mäuse“. Gemeinsam feiern die Mäuse mal auf der einen, mal auf der anderen Seite der Mauer ein Fest.

Die Sprache im Bilderbuch ist kindgemäß und anschaulich. Die häufige Verwendung von Adjektiven, wörtlicher Rede und steigernden Wiederholungen begründen die starke Expressivität des Textes. Die Ausstattung der Mäuse mit Gefühlen, Gedanken und Absichten machen den Text lebendig und sprechen den Rezipienten auch emotional an. Dies wird gerade durch die Illustrationen unterstützt, deren Ausdrucksstärke in ihrer Einfachheit liegt.

Die Kinder sollen ausgehend von der Erzählung des Bilderbuchanfangs zum selbstständigen Schreiben einer Mäusegeschichte angeregt werden. Wird das konkrete Bilderbuch im weiteren Unterricht eingesetzt, ist das Antizipieren der Fortsetzung nach einem vorgelesenen oder erzählten Textabschnitt dem handlungs- und produktionsorientierten Literaturunterricht zuzuordnen. Wird das Bilderbuch selbst nicht behandelt, sondern sein Inhalt nur als Erzählgrundlage genommen, handelt es sich um die Methode des kreativen Schreibens.

Die inszenierte Lehrererzählung ist eine äußerst attraktive Methode, die als Zugang zum kreativen Schreiben häufig vernachlässigt wird. Beim narrativen Entfalten eines Textes kann man Gestik, Mimik und Betonung direkt auf seine Lerngruppe abstimmen. Durch die direkte Schülerbeobachtung kann die Wirkung eingesetzter Elemente gut eingeschätzt werden und es können Konsequenzen für die weitere Erzählung gezogen werden. Anhand der Schülerreaktionen kann beispielsweise genau abgelesen werden, ob alle Wörter verstanden wurden oder ob die Thematik die Schülerinnen und Schüler emotional anspricht. Durch das Präsentieren von Medien bzw. das Nachspielen erzählter Sequenzen wird die Phantasie der Kinder angeregt und innere Vorstellungsbilder können sich entwickeln.

Alternativ wäre auch das Vorlesen des Bilderbuches denkbar. Schwierig ist hier jedoch die gemeinsame Bildbetrachtung. Eine Alternative zum Vorlesen des Bilderbuches in seiner klassischen Variante stellt das Bilderbuchkino dar. Hierzu werden die Bilder des Buches großformatig kopiert und den Kindern im Sitzhalbkreis gezeigt. Den Text der entsprechenden Seiten befestigt man auf den Rückseiten der Bilder. So können alle Kinder während des Vorlesens die entsprechenden Bilder betrachten.

Die Lehrererzählung bietet für dieses Unterrichtsvorhaben jedoch die meisten Vorteile. Neben den besseren Sichtverhältnissen für die Schülerinnen und Schüler lässt die Methode mehr Raum für die Entwicklung von Fantasie und Imagination. Würde das Bilderbuch gezeigt werden, dann wäre dadurch die in der Geschichte thematisierte Mauer in den Köpfen der Kinder schon konkret vorhanden. Die Kinder müssten sich somit keine Mauer mehr eigenständig vorstellen. Größe, Form und Standort stünden fest. Dagegen lässt ein Stück Pappe mit aufgemalten Steinen viel mehr Spielraum und kann ganz individuell ausgestaltet werden. Während der eine Schüler an die Mauer bei seiner Oma im Garten denkt, fällt einem anderen Kind vielleicht ein Erlebnis an der Mauer am Spielplatz ein. Dieses Entwickeln innerer Vorstellungsbilder wirkt sich später förderlich auf den Schreibprozess aus. Gerade durch das Erzählen mit einem möglichst spärlichen Einsatz von Medien lässt sich der größte Freiraum für eine individuelle Ausgestaltung des Gehörten entfalten.

Um die Phase der **Ideenfindung** anzuregen, wird der Klasse im Sitzhalbkreis eine Mauer präsentiert. Hierzu können auf Pappe Steine aufgemalt werden. Vor der aufgestellten Pappe könnte Gras, Stroh

o. Ä. drapiert werden. Nach spontanen Schüleräußerungen zur Mauer wird die Maus Tillie vorgestellt, die an dieser Mauer lebt. Die Bilderbuchgeschichte wird nun bis zu der Stelle erzählt, an der Tillie den Regenwurm sieht. Parallel zur Erzählung kann Tillie die einzelnen Handlungen durchführen (Räuberleiter an der Mauer, mit einem Nagel ein Loch bohren, an der Mauer entlanggehen). Als Impuls für das Verfassen eigener Texte eignet sich bei einer Erzählung als letzter Satz „... sieht Tillie einen Regenwurm." besonders gut. Die Kinder können die nächste Aktion der Mäuse, das Graben eines Tunnels, selbst vorhersagen. Die Abbruchstelle weckt Neugier auf die Welt hinter der Mauer und gewährleistet das Schreiben einer ganz individuellen Geschichte.

Falls die Kinder an dieser Stelle keine spontanen Ideen zur Welt hinter der Mauer äußern, können die Fragen „Was könnte sich hinter der Mauer befinden?" oder „Was sehen die Mäuse hinter der Mauer?" gestellt werden. Die Ideen der Schülerinnen und Schüler sollten stichwortartig an der Tafel festgehalten werden. Wenn die Kinder an dieser Stelle „eine grüne Wiese" auf der anderen Seite der Mauer antizipieren würden, hätte das nicht zwangsläufig spannende Geschichten zur Folge. Die Schülerinnen und Schüler würden wie im Bilderbuch Tillie andere Mäuse treffen lassen und „wenn sie nicht gestorben sind, dann leben sie noch heute." Schüleräußerungen dieser Art sollten gewürdigt, aber nicht visualisiert werden.

Im Sinne der Irritation ist an dieser Stelle der Impuls: „An die Mauer grenzt ein Gebäude." sinnvoll. Ein „Gebäude" auf der anderen Seite der Mauer stellt insofern eine Irritation dar, dass Mäuse sich normalerweise nicht in Gebäuden aufhalten und dort auch nicht erwünscht sind. Ganz im Gegenteil: Die Vorstellung, eine Maus in einer Arztpraxis, beim Friseur oder in der Kirche zu treffen, löst Entsetzen oder auch Belustigung aus. Die gewohnten Gedankengänge werden aufgebrochen und durch neue, ungewohnte Aspekte irritiert. Der Raum für Fantasie und Kreativität ist eröffnet.

Die von den Kindern genannten Gebäude sollten an der Tafel visualisiert werden. Im Vorfeld sollte sich die Lehrkraft überlegen, welche Gebäude wünschenswert bzw. für die entsprechende Klasse geeignet wären, um sich davon ausgehend entsprechende Fragen und Impulse auszudenken. Der Impuls, dass Tillie in einem Raum ankommt und Musik hört, wird die Vermutungen „Theater", „Konzerthalle", „Kino" zur Folge haben. Sollte Tillie ein Geschirrklappern hören, wird wohl eher eine Kantine, ein Hotel, eine Jugendherberge oder ein Gasthaus antizipiert werden. Grundsätzlich sollten bei der Ideenfindung beide Geschlechter berücksichtigt werden, damit später beim Schreibprozess auch eine Identifikation stattfinden kann. Im aufgezeigten Beispiel dienen das Stadion und die Geisterbahn eher als Ideen für Jungen, während die Ballettschule oder auch das Krankenhaus eher als Schreibidee von Mädchen ausgewählt werden.

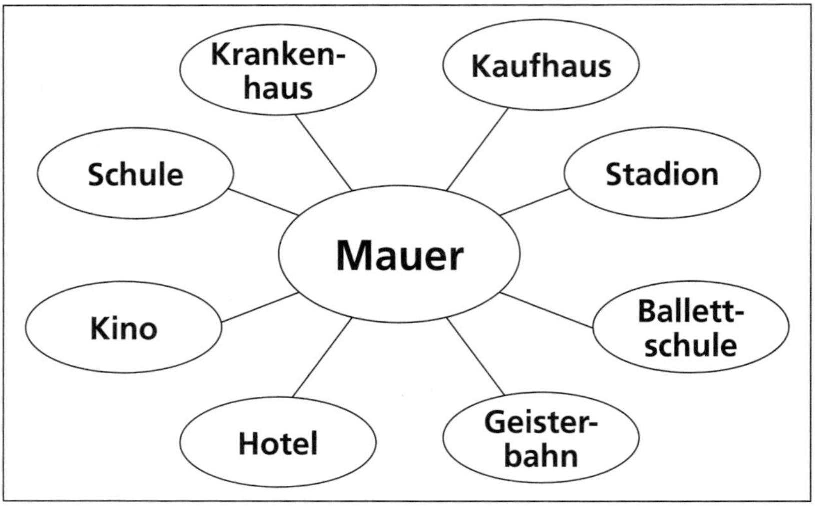

Tafelbild

Nach dieser Ideenfindung direkt in die Schreibphase überzugehen, wäre mit Sicherheit für einige Schülerinnen und Schüler zu früh. Die ersten Ideen, die sicherlich in den Köpfen einiger Kinder schon entstanden sind, gilt es nun zu kultivieren, das heißt, in einer sich anschließenden **Planungsphase** sollten zu drei bis vier Stichwörtern Handlungen ausfabuliert, konkretisiert werden. Falls die Maus sich in einem Krankenhaus wiederfindet, könnten zuerst einmal die unterschiedlichen Räume angedacht werden. So könnte die Maus im OP, auf der Kinderstation, in der Krankenhausküche oder auch im Aufenthaltsraum der Ärzte herauskommen. Dann sollten impulsgesteuert die einzelnen Räume „mit Leben gefüllt“ werden und auf diese Weise die Spannung in den einzelnen Geschichten angeschoben, aber nicht bis zu Ende erzählt oder aufgelöst werden.

Wer befindet sich im OP? Was hat der Patient? Wer sieht die Maus zuerst? Wie reagieren die anderen Personen? Wie viele Kinder liegen auf dem Zimmer in der Kinderstation? Sind es Mädchen oder Jungen? Warum sind sie im Krankenhaus? Freundet sich ein Kind evtl. mit der Maus an?

Diese Handlungsstränge könnten auch stichwortartig an der Tafel festgehalten werden. Wichtig ist es jedoch, dass das Ende der jeweiligen Geschichte auf keinen Fall verraten werden darf, da sonst für die Überarbeitungs- und Präsentationsphase viel Spannung genommen wird.

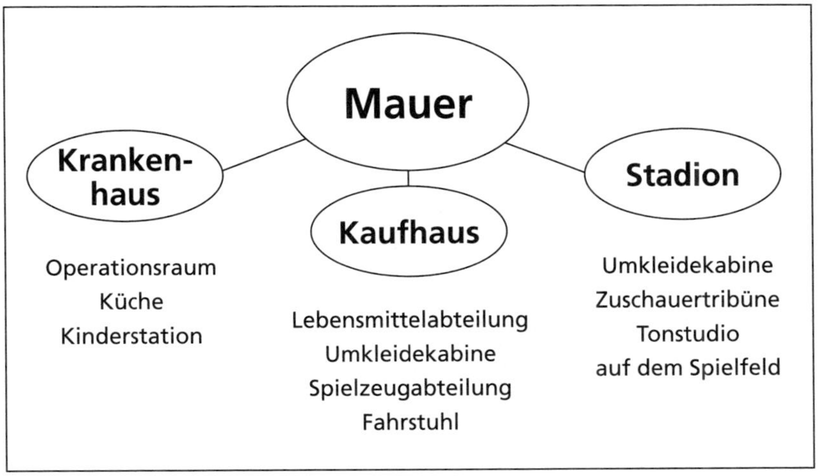

Fortführung des Tafelbildes

Die folgenden Beispiele machen deutlich, dass durch die Ausbildung der Handlungsstränge sehr kreative Ideen entstehen können:

Ein Mädchen, das sich für das Cluster „Krankenhaus“ entschieden hatte, berichtete von einer bevorstehenden Operation. Ein Patient sollte am Bein operiert werden. Kurz bevor die Narkose wirkte, entdeckte der Patient die Maus zwischen den Operationsgeräten. Er sprang auf und rannte weg. Das Bein brauchte nicht mehr operiert zu werden, es tat gar nicht mehr weh.

Marie schrieb eine Kaufhausgeschichte. Eine kleine Maus versteckte sich in der Spielzeugabteilung zwischen den Kuscheltieren. Jetzt lebt sie bei der kleinen Marie im Kinderzimmer. Die hatte sich schon immer ein Haustier gewünscht.

Die Stadiongeschichten, die überwiegend von Jungen geschrieben wurden, „korrigierten“ so manchen Spielausgang in die gewünschte Richtung und so konnte der Lieblingsverein doch mit einem Sieg vom Platz gehen. „Der Ball rollte und rollte. Keiner wusste, woher er den Schwung hatte. Und dann geschah das Unglaubliche. Als der Torwart bemerkte, dass der Ball sich noch bewegte, war es zu spät. Er hatte die Torlinie überquert.“

Tilli und die Mäusebande

Tilli gräbt und gräbt. Dann hat sie es geschafft.
Sie wundert sich, denn sie sieht Käfige in denen
Tiere stecken. Erschrocken springt sie zur Seite,
ein Mann hätte sie fast platt getreten. „Was für
eine Gemeinheit," denkt Tilli. Es war nämlich
der Robert, der immer grinst. „Oh, eine Frau mit
zwei Kindern hat er auch noch mitgebracht, das
ist ja eine ganze Bagage," bemerkt Tilli. Der Junge
heißt Tim und das Mädchen Susi und die Frau
heißt Susanne. Tim fragt: „Mama, Susi und ich
wollen zu den Mäusen." Susanne antwortet: „Ja, geht
schon mal vor, wir kommen gleich nach." „Mäuse
die armen, die müssen in einem Käfig hocken,
ich muss ihnen folgen und die anderen Mäuse
befreien," denkt Tilli. Schnell rennt er Tim und
Susi nach. Kurz danach sind sie am Mäusegehege
umzu fliehen. Und so liefen sie aus dem Zoo hinaus
und jetzt stöbern sie hinter der Mauer herum.
„Die anderen Mäuse haben mir natürlich schon lange
gesagt, dass das ein Zoo gewesen ist." Und weil Tilli
die Mäusebande gerettet hat, bekam sie noch einen
Orden.

Mäusegeschichte von Julian (Klasse 4a)

Die Mäusegeschichten, die in einer vierten Klasse geschrieben wurden, zeichneten sich durch eine große inhaltliche Vielfalt aus. Da es keine gleichen Geschichtenideen gab, waren die Kinder sehr gespannt, die Geschichten ihrer Mitschülerinnen und Mitschüler zu hören. Die Geschichten wurden nach der Überarbeitung den Eltern auf einem literarischen Nachmittag vorgelesen.

Die **Präsentation** vor den Eltern, Großeltern und Freunden spornte die Schülerinnen und Schüler an, ihre Geschichten zu überarbeiten und noch einmal abzuschreiben. Die Kinder stellten selbst fest, dass man eine Geschichte nicht gut vorlesen kann, wenn im Manuskript herumgestrichen, eingefügt und darübergeschrieben wurde. Die Motivation zum Lesenüben des eigenen Textes war ebenfalls überaus hoch, denn die Autorinnen und Autoren saßen alleine an einem Vorlesetisch mit Leselampe, Blumen etc. und präsentierten ihr Werk. Sie allein standen im Mittelpunkt. Viele Kinder haben ihre Geschichte vor der Präsentation so häufig gelesen, dass sie ganze Textpassagen auswendig konnten. Der Applaus der Erwachsenen machte die Kinder sehr stolz und nicht selten konnte man Zuhörerinnen und Zuhörer beobachten, die feuchte Augen bekamen und ganz intensiv blinzeln mussten.

Die **Überarbeitung** der Texte erfolgte in festen Gruppen, die die einzelnen Texte unter bestimmten Fragestellungen unter die Lupe nahmen und sie optimierten. Die Kommentare verdeutlichten dem Autorenkind die Stärken und die verbesserungswürdigen Aspekte seiner Geschichte und gaben wertvolle Hinweise für die Textabschrift nach der Überarbeitung. Die Arbeitsblätter zur Geschichtenbewertung (s. S. 55f.) sind nur als Anregung zu verstehen. Sie müssen auf den individuellen Leistungsstand der Klasse und den konkreten Unterricht abgestimmt werden und können von Geschichte zu Geschichte variieren. Während das erste Beispiel (s. S. 55) in Zusammenarbeit mit der Überarbeitungsgruppe von der Lehrkraft ausgefüllt wird, geben im zweiten Beispiel (s. S. 56) der Autor bzw. die Autorin, die Redaktion und die Endredaktion (Lehrkraft) ein Statement ab.

Durch den einfachen Bewertungsbogen (1), der ab der dritten Klasse eingesetzt werden kann, bekommen die Kinder eine Rückmeldung zu ihrer Geschichte. Es werden Aussagen zur Überschrift, zum Inhalt der Geschichte und zur Sprache gemacht. Bei dieser ersten Geschichtenbewertung, die den allzu häufig weder gelesenen noch verstandenen klassischen Lehrerkommentar unter dem Schülertext ersetzt, wurde bewusst auf eine negative Symbolik verzichtet. Kein Kind schreibt absichtlich einen schwer verständlichen, nicht gut strukturierten und inhaltlich nicht immer leicht nachvollziehbaren Text. „Weinende Smileys“ sind für die Schreibmotivation nicht unbedingt förderlich. Bei diesem Bewertungsbogen wurden die Kriterien ganz bewusst auf sechs reduziert, wobei die Überschrift mit zwei Zeilen bedacht wurde. So haben Kinder, die im Schreiben von Geschichten noch nicht so geübt sind, in den beiden ersten Zeilen eine reale Chance auf Smileys, denn nur durch Motivation kann eine positive Schreibhaltung aufgebaut werden.

Beim zweiten Bewertungsbogen schätzt sich das Autorenkind zunächst selbst ein, es tritt praktisch in einen Metakommunikationsprozess mit dem eigenen Text. Über Jahre hinweg konnte festgestellt werden, dass Kinder ihre Schreibleistung sehr realistisch einschätzen. Die Aussagen zu den einzelnen Kriterien (Überschrift, Inhalt der Geschichte, Sätze und Sprache) sind bewusst nicht vom Positiven zum Negativen gestaffelt. Hier ist auch die Leseleistung gefragt! Außerdem ist für die noch nicht so begeisterten Schreiberinnen und Schreiber ein Kreuz an immer der gleichen Stelle nicht motivationsfördernd. Eine Einschätzung zur Überschrift ist sinnvoll, da auf diese Weise sichergestellt wird, dass diese nicht vergessen wurde. Außerdem gelingt es den leistungsschwächeren Schülerinnen und Schülern relativ schnell, ihre Leistung in diesem Bereich zu steigern, da der Unterschied zwischen einer langweiligen und einer zum Lesen anregenden, peppigen Überschrift eindeutig ist. So können alle Kinder ganz klar begründen, ob sie lieber „Tillies Erlebnisse im Krankenhaus“ oder „Panik im Operationssaal“ lesen würden.

Bei der Bewertung des Inhalts der Geschichte wurde Wert darauf gelegt, dass ein einziger Handlungsstrang erkennbar ist. Die Kinder der Klasse, für die der Bewertungsbogen konzipiert wurde, hatten zu Beginn des Schuljahres nämlich noch starke Schwierigkeiten, bei einem Inhalt zu bleiben. Häufig wurde nach der eigentlichen Geschichte noch vom Nachbarn, einem Verwandten oder dem Hamster berichtet, sodass es sich um eine Aneinanderreihung von Geschichten handelte.

Nach der Überarbeitung durch das Autorenkind gibt auch die Redaktion eine Einschätzung ab. Hier wird das konkrete Handeln in der Überarbeitung, das durch klar formulierte Aufgaben strukturiert wurde (z. B. „Füge noch Adjektive in den Text ein.“, „Verändere gleiche Satzanfänge.“, „Verwende wörtliche Rede.“), noch einmal reflektiert. Abschließend setzt die Endredaktion in Zusammenarbeit mit dem Überarbeitungsteam seine Kreuze, die erläutert und kommentiert werden. Das Autorenkind und auch das Überarbeitungsteam bekommen eine direkte Rückmeldung zu der geleisteten Arbeit.

2.2 Eine Eisbärengeschichte

Für das folgende Schreibbeispiel bildet das Bilderbuch „Kleiner Eisbär, wohin fährst du?“ von Hans de Beer die Grundlage. Die Schülerinnen und Schüler sollen zum Schreiben einer Geschichte angeregt werden, indem sie eine Fortsetzung zum angelesenen Bilderbuch mündlich antizipieren und diese dann verschriftlichen.

Erzählt wird die Geschichte vom kleinen Eisbären Lars, der zum ersten Mal mit seinem Vater bis zum Meer hinausdarf. Um sich gegen den kalten Wind zu schützen, baut sich Lars einen Schneehügel, an den er sich kuschelt und einschläft. Am nächsten Morgen befindet er sich ganz allein mit seinem Schneehügel auf einer Eisscholle mitten im Meer. Er findet ein Fass, auf dem er nach Afrika treibt. Mithilfe freundlicher Tiere gelangt er schließlich in seine kühle Heimat und zu seiner Familie zurück.

Das Bilderbuch ist mit einfühlsamen und liebevollen Bildern illustriert, die den Inhalt des jeweiligen Textes abbilden. Die Sprache ist kindgemäß und durch den Gebrauch von Adjektiven sehr anschaulich. Die Tiere können reden und sind mit Gefühlen und Gedanken ausgestattet, sodass ein emotionales Eintauchen in die Geschichte gut möglich ist. Lars bietet sich außerdem als Identifikationsfigur an. Er ist ein Eisbärenkind und er befindet sich in einer angstbesetzten Situation. Die Angst, in einer fremden Umgebung von seinen Eltern getrennt zu werden oder sich zu verlaufen, dürfte den Kindern dieser Altersstufe nicht unbekannt sein. Das Schreiben einer Geschichte hat hier in gewisser Hinsicht auch eine Entlastungsfunktion, da die eigene Angst zugegeben und schließlich bewältigt werden kann.

Zur **Ideenfindung** wird den Schülerinnen und Schülern im Stuhlkreis als stummer Impuls eine Polarlandschaft mit Eisschollen präsentiert. Dazu können Styroporplatten verwendet werden, die auf einem blauen Tuch „schwimmen“. Für die Gestaltung der Eisbären können die Bären aus dem Bilderbuch kopiert und auf einen Schaschlikstab geklebt werden. Die Landschaft wird zunächst ohne Bären dargeboten und soll die Kinder thematisch einstimmen. Spontane Gedanken zur Landschaft oder Vermutungen zum Stundeninhalt sollten zugelassen werden. Durch das Erscheinen des kleinen Eisbären, der mit dem Stab gut in die Styroporplatten gesteckt werden kann, wird eine emotional-motivationale Basis geschaffen.

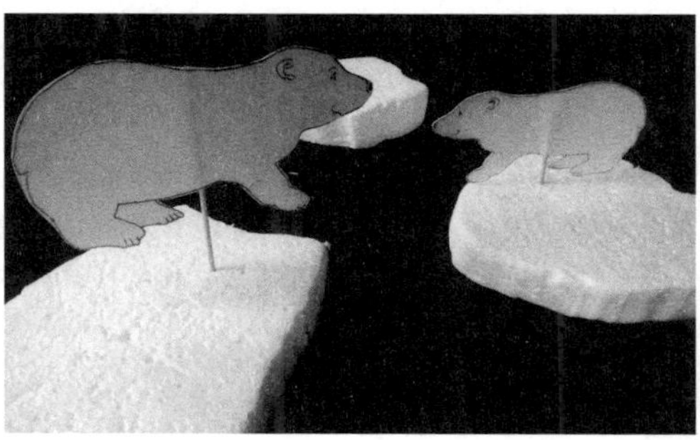

Der Anfang des Buches wird nun bis zu der Situation vorgelesen, als Lars sich ganz allein auf seiner Eisscholle mitten im Meer befindet. Parallel zum Vorlesen wird die Handlung mit den Stabpuppen nachgespielt und nach jeder vorgelesenen Seite wird das entsprechende Bilderbuchbild gezeigt. Der letzte vorgelesene Satz: „Lars kam sich unendlich verlassen vor." in Verbindung mit dem Bild, auf dem Lars traurig in die Ferne schaut, stellt eine indirekte Aufforderung an die Kinder dar, sich zur Situation zu äußern. Eine intuitive Übertragung des Geschehens auf die eigene Person wird sicherlich bei vielen Kindern der Fall sein. Um diese Identifikation zu unterstützen, sollte die Gefühlslage von Lars unbedingt thematisiert werden. Die Angst des kleinen Bären, sein lauter Herzschlag oder auch das unregelmäßige Atmen wird an dieser Stelle häufig genannt. Auch die Gefühlslage von Papa Eisbär, der ja seinen Sohn verloren hat, könnte an dieser Stelle angesprochen werden. Ein Mädchen aus der dritten Klasse meinte hierzu: „Na, der hat bestimmt Ärger gekriegt, als der allein nach Hause gekommen ist!"

Nach Klärung der emotionalen Lage müssen nun Lösungsmöglichkeiten gefunden werden, um Lars zu retten. Häufig wird an dieser Stelle auch die Frage diskutiert, ob und wie lange Lars denn schwimmen kann? Da er noch sehr klein ist und dementsprechend wenig Ausdauer haben wird, müssen Rettungsmöglichkeiten für Lars überlegt werden, die in der Regel auch spontan von den Kindern genannt werden. Häufig taucht ein Schiff auf, das Lars an Bord nimmt. So ist der kleine Eisbär zwar noch nicht bei seiner Familie, aber doch nicht mehr allein auf dem Meer. Um die Ideenvielfalt der Kinder anzuregen eignet sich an dieser Stelle der Impuls: „Plötzlich hörte Lars ein Geräusch." Dieses Geräusch kann aus der Luft, vom Horizont oder auch aus der Tiefe des Meeres kommen und zieht viele Geschichtenvarianten nach sich. Aus der Luft könnte ein Flugzeug kommen oder ein Heißluftballon oder auch ein großer Vogel. Das Geräusch am Horizont könnte von einem Schiff stammen, es könnte ein Segelboot, ein Schlauchboot, ein Tretboot oder auch ein Frachter sein. Aus dem Wasser könnte ein U-Boot auftauchen oder sich ein Wal für die Rettung anbieten.

Neben dem Hören eines Geräusches bietet sich auch das Sehen als Impuls an: „Nach Stunden sieht Lars in der Ferne ..." Auch hier gibt es viele Möglichkeiten: Lars könnte eine Stadt sehen oder eine Insel oder Indianerhütten oder auch einen Urwald.

Die von den Kindern geäußerten Ideen werden durch Bildkarten unterstützt (s. S. 57 f.), die um die kleine Eisscholle gelegt werden. Bilder sind für eine zweite Klasse geeigneter als Wortkarten, da die Imaginationskraft durch Bilder besser angeregt wird. Bei Wortkarten stellt

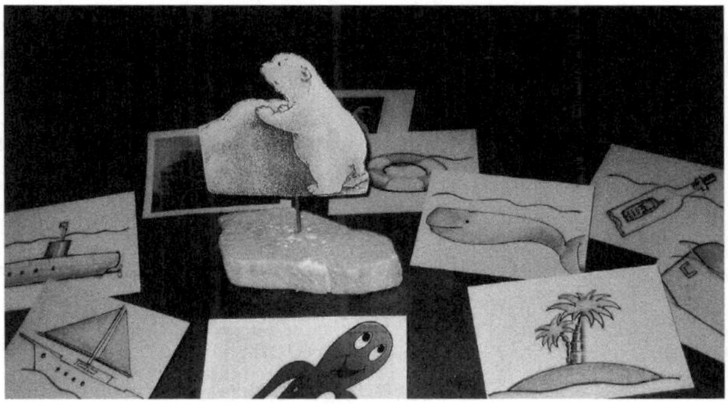

sich auch das Problem, dass die Schrift im Sitzkreis nicht von allen Schülerinnen und Schülern gelesen werden kann.

Nach dieser Ideenfindung, in der sicherlich bei vielen Kindern schon der Grundstein für eine Geschichtenidee gelegt wurde, geht es in die **Planungsphase.** Diese ersten Ideen gilt es jetzt auszuschmücken, zu konkretisieren und „mit Leben zu füllen". Das mündliche Ausfabulieren von zwei bis drei Handlungssträngen ist eine weitere wichtige Vorbereitung für das folgende Geschichtenschreiben. Hierzu sollte sich die Lehrkraft im Vorfeld konkrete Fragen und Impulse überlegen, um die Planungsphase möglichst lebendig zu gestalten. Was passiert, wenn Lars sich auf eine Insel rettet? Ist diese Insel bewohnt? Wohnen dort gute oder böse Menschen? Gibt es dort Tiere? Sind sie gutmütig oder gefährlich? Lars könnte auf der Insel eine Entdeckung machen. Vielleicht findet er einen Schatz! Diese Fragen und Aussagen konkretisieren den Handlungsstrang „Insel" und geben Schreibimpulse. Sollte ein U-Boot auftauchen, muss die Frage gestellt werden, ob es noch Platz für einen Eisbären gibt. Wo soll er schlafen? Wohin fährt das U-Boot? Wie kommt er zurück zu seinen Eltern? Die Kinder sind beim Erzählen sprachschaffend tätig und verfestigen dadurch ihre Gedanken. Den fantasieärmeren Kindern werden durch das Erzählen wichtige Impulse für ihre eigene Geschichte gegeben. Die Rettung durch das U-Boot wurde am Ende einer zweiten Klasse hauptsächlich von Jungen gewählt. Die Geschichten handelten von Polarexpeditionen, von Treffen mit Eisbärensuchtrupps, die Papa Eisbär schon organisiert hatte, aber auch von gefährlichen Meeresungeheuern, die zunächst einmal besiegt werden mussten, bis Lars dann endlich seine Familie wiedersehen konnte. Ein Mädchen, das auch das U-Boot zur Rettung auswählte, schilderte eindrucksvoll das Problem, das Lars hatte, um an Bord zu kommen. Er war nämlich zu dick und passte nicht durch die Luke. Der Kapitän gab ihm eine Frist von drei Tagen um abzunehmen. Mit gemeinsamen Kräften gelang es dann der Mannschaft, die sich schon mit dem Bären angefreundet hatte, Lars durch die Öffnung ins U-Boot zu ziehen.

Für die konkrete **Schreibphase** habe ich mich für ein Arbeitsblatt (s. S. 59) entschieden, auf dem die ersten Sätze vorgegeben sind. Dieses Vorgehen verhindert zum einen, dass die Kinder die bereits erzählte Geschichte nacherzählen, und nimmt zum anderen die Hemmung vor dem leeren Blatt.

Für die **Überarbeitung** der Geschichten werden den einzelnen Gruppen ganz konkrete Aufgaben gestellt:
- Hast du eine passende Überschrift gefunden? (Macht sie neugierig auf die Geschichte? Ist sie zu lang? Verrät sie zu viel von der Geschichte?)
- Kann man deine Geschichte gut verstehen? (Müssen noch Sätze eingefügt werden?)
- Hat deine Geschichte *einen* Anfang und *einen* Schluss? (Oder sind es doch mehrere Geschichten?)
- Hast du die Gefühle des Eisbären aufgeschrieben? (Hast du geschrieben, dass er Angst hat? Vielleicht weint er auch!)
- Ist deine Geschichte spannend? (Die Rettung darf nicht zu schnell kommen. Hast du Adjektive verwendet?)
- Markiere den Punkt nach jedem Satz. Ist das erste Wort in jedem Satz großgeschrieben?
- Hast du unterschiedliche Satzanfänge benutzt?

Die Überarbeitung und Bewertung wird auf einem Arbeitsblatt festgehalten (s. S. 60). Zunächst schätzt sich das Autorenkind ein. Dann reflektiert die Redaktion in Kurzform seine Arbeit und schließlich gibt es einen Kommentar von der Endredaktion. Diese Tabelle gibt dem Autorenkind Transparenz für die Bewertung dieser Geschichte und wertvolle Hinweise für die Weiterarbeit.

Nach der Überarbeitung werden die Geschichten noch einmal abgeschrieben und illustriert. In einer dritten Klasse fand die **Präsentation** im Plenum statt. Jeden Morgen lasen drei Kinder ihre Geschichte auf dem Vorlesestuhl mit Leselampe und Kerze vor. Die atmosphärische Ausgestaltung des Klassenraums war für die Würdigung der Geschichten äußerst wichtig. Außerdem war es erforderlich, die Anzahl der vorlesenden Kinder gering zu halten, da so die Bereitschaft des Zuhörens eher gegeben war. Die Geschichten wurden anschließend in einem Geschichtenbuch gesammelt, das der Klasse auch weiterhin als Lektüre zur Verfügung stand.

Das Kinderbuch „Kleiner Eisbär wohin fährst du?“ wurde nach dem Präsentieren der eigenen Geschichte vorgelesen. Die Kinder waren nach ihren vielen Ideen schon ganz gespannt auf die Lösung des Schriftstellers.

Die gelbe Insel

Als Lars am Morgen aufwachte, war er ganz allein auf seiner Eisscholle. Lars hatte große Angst. Er schrie nach seinem Papa. Lars zitterte förmlich vor Angst.

Nach ein paar Stunden sah Lars eine Insel. Nanu? Lars wunderte sich. Die Insel war gelb. Lars kannte bisher ja nur Schnee. Aber Lars traute sich dann doch! Auf der Insel waren viele Tiere, die er noch nicht kannte: Papageien, Elefanten und Schmetterlinge. Das Schöne war, sie konnten sprechen.

Lars ging über die Insel. Da traf er einen Elefanten. Der fragte: „Wer bist du denn?" Da sagte Lars stotternd: „Ich bin Lars der Eisbär und du?" „Ich heiße Eike."

Am nächsten Tag waren Lars und Eike schon richtig gute Freunde. Lars erzählte Eike von seinem Problem. Eike ging mit Lars zum Wasser. Dann trompetete Eike einmal und da kamen zwei Delfine. Eike riss von einer Palme ein Blatt ab und band es den Delfinen um die Schwanzflosse. Lars kletterte auf das Palmenblatt und die Delfine zogen ihn nach Hause. Lars und seine Familie fielen sich in die Arme.

Eisbärengeschichte von Jil Sopie (Klasse 3a)

2.3 Eine Schweinegeschichte

Das Schreiben von ersten Geschichten sollte so früh wie möglich angebahnt werden. Schon lange vor der Schulzeit haben Kinder das Bedürfnis, sich mitzuteilen. Durch Kritzelbriefe, die wichtig für die kindliche Denkentwicklung und Weltdeutung sind, teilen sie sich ihrer Umwelt mit. Im ersten Schuljahr, wenn die Buchstaben dann sukzessive eingeführt werden, schreiben die Kinder Wörter und erste Sätze zu Bildern oder auch Ereignissen, die von ihnen vorher häufig schon grafisch dargestellt wurden. Diese ersten Verschriftlichungen sollten sehr ernst genommen und äußerst zurückhaltend korrigiert werden, um den Spaß am Schreiben nicht schon im Vorfeld zu verhindern.

Beim folgenden Schreibbeispiel wird ein Klassenbilderbuch hergestellt. Das Projekt wurde in einer ersten Klasse unmittelbar nach den Herbstferien durchgeführt. Die Kinder hatten sich in den ersten sechs Wochen in der Schule hauptsächlich mit der Anlauttabelle beschäftigt, später wurde dann eine Fibel eingesetzt. Die Kinder haben gelernt, wie gesprochene, gehörte Sprache aufgeschrieben wird. Ein Wort wird in seine Lautabfolge zerlegt und dann phonetisch vollständig aufgeschrieben. Die Kinder haben gelernt, Laute zu erkennen, zu unterscheiden und zu zerlegen. Das zentrale Hilfsmittel, um diese Fähigkeiten zu erreichen, stellt die Buchstabentabelle mit ihren Bildern dar. Aus dieser Tabelle können die Kinder die richtige Zuordnung eines Buchstabens zu seinem Lautgehalt ablesen. Die Kinder können also theoretisch von Anfang an alles schreiben, weil von Beginn an mit dem gesamten Laut-Buchstabenmaterial gearbeitet wird. Die Schülerinnen und Schüler dieser ersten Klasse hatten vor dem Schreibbeispiel hauptsächlich Wörter geschrieben: Sommerwörter, Anziehwörter, Schulwörter, Spielplatzwörter, Wochenendwörter, schöne Wörter usw. Nach einer gemeinsamen Wanderung vor den Herbstferien haben alle Kinder zu diesem Tag gemalt und dann erste Satzteile oder kleine Sätze geschrieben. Die Buchstaben, die noch nicht eingeführt waren, wurden aus der Anlauttabelle übernommen.

Grundlage für das Schreibprojekt war das Bilderbuch „OINK“ von Arthur Geisert. Das Besondere an diesem Bilderbuch ist, dass nur ein einziges Wort verwendet wird, das Wort „OINK“.

Auf Bildern wird die Geschichte einer Sau mit ihren Ferkeln erzählt: Müde vom Bad im Tümpel schlafen die Sau und die Ferkel ein. Die Ferkel wachen vor der Mutter auf, nutzen die Gelegenheit und machen einen Spaziergang zu einem Apfelbaum, an dem leckere Äpfel hängen. Nach einer Beratung: „OINK, OINK, OINK!“ haben sie eine Idee, wie sie auf den Baum kommen können. Von einem kleinen Hügel nehmen sie Anlauf und springen in den Baum, ein Ferkel nach dem anderen. Sie schmatzen und lassen sich die Früchte schmecken: „OINK!“ Als die Mutter aufwacht, hat sie schon eine Vermutung, wo sich die Ferkel aufhalten könnten. Sie rennt zum Apfelbaum und schreit: „OINK!“ Alle Ferkel fallen vom Baum und gehen im Gänsemarsch wieder zurück zum Stall.

Aufgrund des stark reduzierten Textanteils eignet sich dieses Bilderbuch gut für eine handlungs- und produktionsorientierte Zugangsweise. Die Kinder können die Oink-Wörter „übersetzen“ und sich dadurch in die Gefühls- und Gedankenwelt der Protagonisten hineinversetzen.

Im Rahmen der **Ideenfindung** für eigene Texte wurde der Inhalt des Bilderbuches gemeinsam mit den Kindern im Sitzkreis erschlossen. Dazu wurden die einzelnen Seiten gezeigt und die Kinder haben erzählt, was sie auf den Bildern sehen. Es gab ja nichts vorzulesen, da immer nur das Wort „OINK“ gedruckt war. Die Kinder haben an dieser Stelle schon festgestellt, dass „Schweinesprache“ ja leicht sei, weil man nur ein Wort lernen muss.

Für den Fortgang des Unterrichtsprojekts wurden 16 von den 28 Bilderbuchseiten auf DIN A3 kopiert und in chronologischer Reihenfolge in der Klasse ausgelegt. Für das Verständnis des Handlungsstrangs reichten diese 16 Bilder aus. An mehreren aufeinanderfolgenden Tagen haben wir dann im Sitzkreis zu einzelnen Bildern überlegt, was die Ferkel und die Sau in „Menschensprache" sagen könnten. Dann haben sich die Kinder in Zweier- oder Dreiergruppen ein kopiertes Bild ausgesucht und haben es auf Fotokarton abgemalt. Durch das Malen haben sie sich mit dem Inhalt des Buches bzw. der jeweiligen Seite auseinandergesetzt. Sie mussten dadurch, dass sie zu zweit bzw. zu dritt an einem Bild gemalt haben, zwangsläufig Absprachen treffen, das heißt, sich über den Inhalt unterhalten. Hier war ein nahtloser Übergang von der Ideenfindung zur **Planung** zu sehen. Zum einen haben die Schülergruppen sich für ein Bild entschieden, das sie emotional angesprochen hat, zum anderen haben sie beim Zeichnen über den Inhalt geredet und haben das zeichnerisch dargestellt, was ihnen persönlich wichtig war.

In einem nächsten Schritt, der **Schreibphase**, haben die Schülerinnen und Schüler dann die „Schweinesprache" in die „Menschensprache" übersetzt. Sie haben aufgeschrieben, was das „OINK" bedeuten könnte und ihre Gedanken in Sprechblasen geschrieben. Diese Sprechblasen haben sie dann an die entsprechende Stelle in ihrem Bild geklebt. Kinder, die zu ihrem Bild keine Schreibidee mehr hatten, konnten sich für ein weiteres Bild von den 16 Kopien entscheiden oder auch zu Bildern anderer Gruppen noch Sprechblasen hinzufügen. Dadurch entstand ein reger Austausch über den Sprechblaseninhalt, den die Kinder zwar mündlich wiedergeben, aber noch nicht unbedingt vorlesen konnten. Auffallend war, dass die Bilderbuchseiten, die die Kinder emotional besonders angesprochen haben, mit sehr vielen Sprechblasen versehen wurden. Auch die Textmenge in den einzelnen Sprechblasen war viel größer als auf anderen Seiten. Besonders hervorheben möchte ich hier die Seite, als die Sau aufwacht und ihre Kinder nicht sieht. Die Kinder dieser ersten Klasse müssen förmlich gespürt haben, dass es gleich ein Donnerwetter bei den Ferkeln geben wird. Welches Kind fühlt sich hier nicht angesprochen?

Die **Überarbeitung** habe ich übernommen. Dazu wurden das kopierte Bild und das von den Kindern gemalte Bild mit den Sprechblasen nebeneinandergelegt. Ich habe den Schülertext orthografisch richtig ebenfalls in Sprechblasen geschrieben und an die entsprechende Stelle in die Kopie geklebt. So konnte auch von schwer lesbaren Sprechblasen der Inhalt noch Wochen und Monate später nachgelesen werden.

Die Seiten wurden nach Fertigstellung zu einem Buch gebunden, das der Klasse als Lesestoff zur Verfügung stand. Die Kinder haben sich auch in der zweiten Klasse noch häufig an ihrem „Schweinebuch" erfreut. Die fehlende Rechtschreibung wurde immer wieder thematisiert. Aussagen wie: „Guck mal wie ich ‚Gutten morpen maine kienda' geschrieben habe" verdeutlichen, dass die Kinder ihre Fortschritte eindeutig erkannt haben. Außerdem ist ihnen durch das Lesen ihrer Sprechblasen der Stellenwert der Rechtschreibung für das Verständnis von Texten klar geworden. Viele Kinder hatten schon nach Monaten Schwierigkeiten, ihren eigenen Text zu lesen und mussten auf die von mir geschriebenen Sprechblasen zurückgreifen.

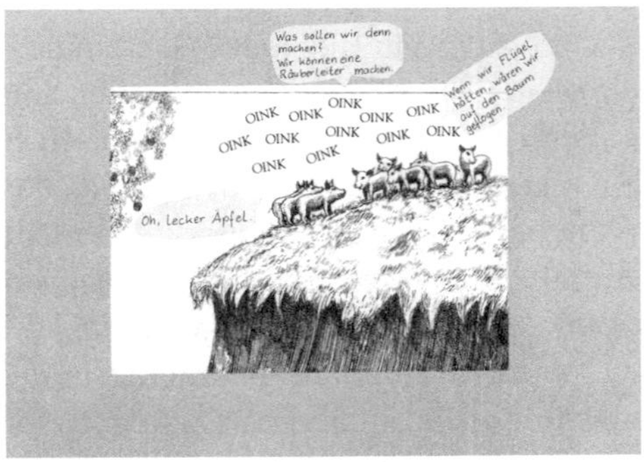

Bewertung der Geschichte

von: ______________________________

	☺	☺☺	☺☺☺
Die Überschrift passt gut.			
Die Überschrift macht neugierig.			
Die Idee für die Geschichte ist gut.			
Man kann die Geschichte gut verstehen.			
Die einzelnen Sätze sind verständlich.			
Sprache:			
wörtliche Rede	☐	☐	☐
Adjektive	☐	☐	☐
Satzanfänge	☐	☐	☐

Bewertung der Geschichte

von: ______________________________

	Autor/in	Redaktion	Endredaktion	
Überschrift				passt nicht so gut
				passt gut
				macht neugierig
				ist zu lang
				verrät zu viel
Inhalt				ist nicht so spannend
				Es ist eine Geschichte.
				Es sind mehrere Geschichten.
				ist spannend
				Gefühle werden beschrieben.
				passender Schluss
Sätze				vollständig / gut verständlich
				zu kurz
				zu lang
				zum Teil nicht verständlich
Sprache				verschiedene Satzanfänge
				wörtliche Rede
				verschiedene Verben
				Gebrauch von Adjektiven

Kopiervorlage 7a: Bildkarten (1)

Kopiervorlage 7b: Bildkarten (2)

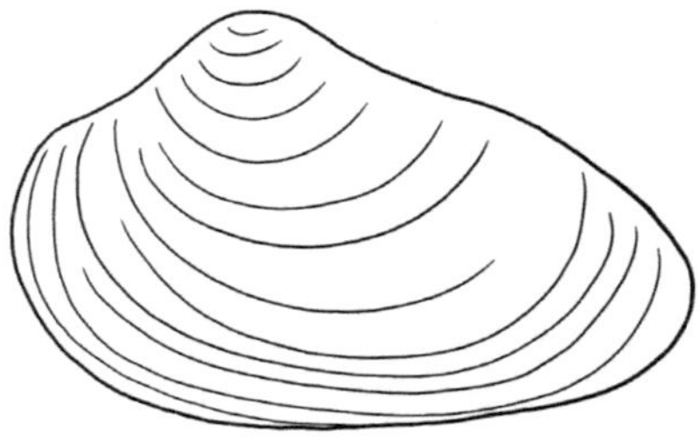

Lars trieb nun schon seit Stunden auf dem Meer.
Plötzlich hörte/sah er

Kopiervorlage 9: Bogen zur Geschichtenbewertung (3)

Bewertung der Eisbärengeschichte

von: ______________________________

	Autorenkind		Redaktion		Endredaktion	
	Das habe ich gut ge-macht.	Daran muss ich noch arbei-ten.	Das hast du gut ge-macht.	Daran haben wir ge-arbei-tet.	Das hast du gut ge-macht.	Daran musst du noch arbei-ten.
Du hast eine passende Über-schrift gefun-den.						
Deine Geschich-te kann man gut verstehen.						
Deine Geschich-te hat einen An-fang und einen Schluss.						
Du hast die Ge-fühle des Eis-bären aufge-schrieben.						
Deine Geschich-te ist spannend.						
Du hast voll-ständige Sätze geschrieben.						
Du hast unter-schiedliche Satz-anfänge be-nutzt.						

Schreiben zu Gegenständen

3

In diesem Kapitel wird das „Schreiben *zu* Gegenständen" thematisiert und beschrieben. Es sei zur Verdeutlichung noch einmal ausdrücklich betont, dass es somit nicht um das „Beschreiben *von* Gegenständen" geht. Das genaue Betrachten und anschließende Beschreiben von Federmappen, Ranzen, Anoraks, Fahrrädern u. Ä. kann natürlich weiterhin durchgeführt werden. Es lässt sich dem pragmatischen Aspekt des Schreibens zuordnen, kann aber durch Themen ersetzt werden, die bei gleicher Zielsetzung einen deutlich höheren Beliebtheitswert bei den Schülerinnen und Schülern erreichen werden.

Beim Schreiben *zu* Gegenständen geht es um den Einsatz von Gegenständen als Schreibanlass. Die Auswahl an Dingen, die sich dafür anbietet, ist nahezu unbegrenzt. Prinzipiell eignet sich jeder Gegenstand, zu dem der Schüler oder die Schülerin eine Beziehung hat oder zu dem eine Beziehung aufgebaut werden kann. Es ist möglich, einen oder mehrere Gegenstände für die ganze Klasse einzusetzen. Alternativ hat jedes Kind seinen eigenen Gegenstand. Die Identifikation bzw. der Bezug ist natürlich bei einem „eigenen Gegenstand" höher. Er kann in die Hand genommen und befühlt werden und er kann beim Schreiben auch mit an den Platz genommen werden. „Gemeinsame Gegenstände" werden häufig in der Klassenmitte inszeniert. Sie können zwar auch berührt werden, sie werden aber nicht in gleichem Maße in Besitz genommen. Bei Gegenständen, zu denen die Kinder bereits eine Beziehung haben (Lieblingsbär, Kuscheltier, Puppe, Lieblingsspielzeug usw.) muss für den Schreibprozess eine Irritation in diese bestehende Beziehung gebracht werden. Bei Gegenständen, die die Kinder eher zufällig finden oder suchen, muss die Beziehung erst aufgebaut werden, damit Geschichtenideen in den Köpfen entstehen können.

3.1 Wir gestalten ein Steinbuch

Bevor mit dem eigentlichen Steinbuch begonnen wird, gibt es eine Vorbereitungsphase, die der **Ideenfindung** dient. Diese Phase dauert etwa ein bis zwei Wochen. Die Kinder werden gebeten, einen Stein mit in die Schule zu bringen. Es soll kein Edelstein sein, sondern ein Stein, den sie selbst gefunden haben und der Klasse zeigen möchten. Die „Vorstellung der Steine" erfolgt in den nächsten Schultagen. Pro Tag stellen drei Kinder ihren Stein vor und legen ihn auf ein Samttuch in der Klassenmitte:

Laura erzählt, dass sie den Stein vom Gartenteich weggenommen hat. Aber eigentlich liegt der Stein noch gar nicht so lange an diesem Teich, denn die Familie hat auf der Insel Rügen Steine gesammelt, die jetzt am Teich liegen. Manuel erzählt, dass er gar nicht mehr daran gedacht hat, dass er einen Stein mitbringen soll. Aber Jonas hat ihn morgens daran erinnert und dann hat er einen Stein an der Gartenpforte gefunden. Er hat diesen Stein genommen, weil er so schön glatt ist und weil er zwei Farben hat. Max erzählt, dass er am letzten Wochenende mit seinem Großvater im Steinbruch war. Sie wollten Fossilien suchen, haben aber keine gefunden. Stattdessen hat er diesen Stein mitgenommen, denn er glitzert so schön in der Sonne. Der Großvater sagt, dass Erze in dem Stein eingeschlossen sind.

Schon nach dieser Vorstellung zeigt sich, dass es nicht nur um die reine Beschreibung der Steine geht, sondern dass schon beim oder durch das Erzählen kleine Geschichten entstehen. In den nachfolgenden Tagen werden weitere Steine vorgestellt, bis jedes Kind seinen Stein auf das Tuch gelegt hat.

Um die Identifikation bzw. die Beziehung zum eigenen Stein noch zu intensivieren, werden anschließend Tastspiele mit den Steinen gespielt. So werden die Steine beispielsweise abgedeckt und die Kinder müssen ihren Stein erfühlen. Die Notwendigkeit des genauen Befühlens wird hier sehr deutlich. Die Kinder beschreiben während dieser taktilen Phase meist ganz automatisch die berührten Steine: „Der ist zu glatt. Mein Stein ist runder.", „Mein Stein war an einer Seite ganz spitz und die eine Kante war scharf." Diese spontanen Beschreibungen führen zu einer Adjektivsammlung. Immer wenn ein Kind ein Adjektiv nennt, wird es auf ein Plakat mit der Überschrift „Steinadjektive" geschrieben. Die Sammlung wird später vervollständigt, indem die Kinder die Steine unverhüllt ganz genau betrachten. Auch hier macht das genaue Beobachten Sinn.

Eine weitere Spielvariante ist es, einen beliebigen Stein im Kreis weiterzugeben. Die Kinder haben dabei die Augen geschlossen. Ist der Stein bei seinem Besitzer oder seiner Besitzerin angekommen, so ruft dieses Kind: „Stopp!" und ein weiterer Stein wird auf die Reise geschickt.

Im Laufe der zwei Wochen hatten alle Kinder einer vierten Klasse eine Beziehung zu ihrem Stein aufgebaut, sie hatten ihn wirklich in Besitz genommen. So sagte Max eines Morgens: „Mein Stein lag gestern noch am Rand. Jetzt liegt er in der Mitte. Ich glaube er war einsam."

Für das Steinbuch wird ein Bogen Tonkarton im Format DIN A4 längs halbiert und dann noch einmal so gefaltet, dass vier gleich große Felder entstehen (s. u.). Die beiden äußeren Seiten (3 und 6) werden in der Mitte zusammengefaltet und bilden die Vorderseite des Buches (Seite 1 und 2). Die Innenseite besteht aus den Seiten 3 bis 6. Die Rückseite besteht nur aus einer Seite, der Seite 7.

Vorderansicht:

1	2

Innenansicht:

3	4	5	6

Rückseite:

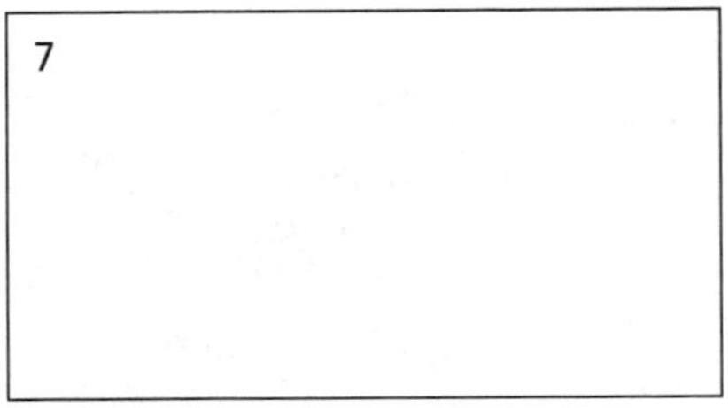

Die Gestaltung des Steinbuches erfolgt in vier Teilschritten, die zeitlich nicht zu weit auseinanderliegen sollten. Die Kinder können sonst den inhaltlichen Bezug zu ihrem Stein verlieren.

1. Gestaltung von Seite 1 und 2:
Auf die erste Seite sollen die Kinder ihren Stein malen. Diese Gestaltungsaufgabe steht in direktem Zusammenhang mit den Beobachtungs- und Tastübungen. Die Schülerinnen und Schüler zeichnen nicht einfach einen Stein, sondern versuchen jedes Detail, das an ihrem Stein zu beobachten ist, darzustellen. Manchen Kindern fällt schon die Entscheidung über die darzustellende Ansicht schwer. Der Stein soll ja möglichst genau gezeichnet und von den anderen Kindern auch erkannt werden.

Die Überschrift, die auch auf die Seite 1 gesetzt wird, sollte erst nach der Fertigstellung des Buches geschrieben werden. Schließlich müssen die Kinder das Buch erst einmal schreiben, um dann einen passenden Titel auswählen zu können. Häufige Titel sind: „Mein Steinbuch“, „Steinbuch von …“, „Steingeschichte von …“, „Ein Stein erzählt …“

Auf die Seite 2 schreiben die Kinder ein „Steinelfchen“. Diese Gedichtform ist den Kindern der vierten Klasse in der Regel bekannt und stellt nach der Adjektivsammlung keine Schwierigkeit dar. Die meisten Kinder schreiben an dieser Stelle ein Elfchen zu ihrem Stein. So schrieb Laura, die ihren Stein auf der Insel Rügen gefunden hat und ihn dann an den elterlichen Gartenteich gelegt hatte:

weiß
der Stein
er ist glatt
ich hebe ihn auf
Andenken

Auch Max hat den Fundort im Elfchen thematisiert:

kantig
der Brocken
er schimmert rötlich
ich habe ihn abgemeißelt
Steinbruch

„Ein Elfchen ist eine niederländische Gedichtform, die von Jos van Hest aus Amsterdam nach Deutschland gebracht wurde. Es besteht aus elf Wörtern. In der ersten Zeile steht ein Adjektiv. In der zweiten Zeile ein Nomen mit einem Artikel, das sich auf das vorherige Adjektiv bezieht." (Moers 2007, S. 6) In der dritten Zeile erfolgt mit drei Wörtern eine nähere Bestimmung des Nomens. In der vierten Zeile wird das Nomen noch weiter erläutert. Empfehlenswert ist es, diese Zeile mit dem Wort „ich" beginnen zu lassen. Dadurch wird ein Bezug vom Schreiber bzw. der Schreiberin zum Gegenstand hergestellt. Die letzte Zeile ist ein abschließendes, zusammenfassendes Wort.

Bauschema für ein Elfchen:

____

__________ __________

__________ __________ __________

__________ __________ __________ __________

____

2. Gestaltung von Seite 3 und 4:

S ee **T** asse **E** imer **I** gel **N** acht	Ich saß in der Nacht mit einer Tasse Kakao am See, als ein Igel den Eimer umschubste.	5	6

Die Kinder sollen an den linken Rand der Seite 3 das Wort „Stein“ senkrecht von oben nach unten schreiben. Dann werden zu den Anfangsbuchstaben Nomen aufgeschrieben. Ab Klasse 4 kann man den Arbeitsauftrag dahingehend präzisieren, dass es sich um Nomen handeln soll, die einen Bezug zum Stein haben. Die Buchstaben des Wortes „Stein“ müssen dann nicht unbedingt am Anfang der Wörter stehen. Das Wort „Stein“ soll lediglich von oben nach unten gelesen werden können.

MEERESRAU	**S**	CHEN
S	**T**	EINSCHLAG
VULKANG	**E**	STEIN
FOSS	**I**	LIE
STEI	**N**	WÜSTE

Diese Wörtersammlung in Form eines Akrostichons stellt den inhaltlichen Bezug zum gewählten Gegenstand ganz eindeutig in den Mittelpunkt.

Auf Seite 4 soll nun *ein* Satz geschrieben werden, in dem die Nomen von Seite 3 enthalten sind. Die Reihenfolge der Nomen ist beliebig. Mit dieser Übung werden die Kinder ganz unbewusst zur Bildung eines längeren Satzes motiviert. Da die Wörter sich in der Regel nicht additiv aneinanderreihen lassen, bemühen sich die Kinder meist erfolgreich um die Bildung eines komplexen syntaktischen Gefüges. Sie lesen den Satz immer wieder leise in Teilstücken und stellen ihn um, bis er sich gut anhört. Häufig werden aufgrund der ausgewählten Nomen, die in einem Satz durchaus irritierend wirken, Unsinnsätze produziert. Das Vorlesen der Sätze ist deshalb sehr beliebt. Außerdem bietet sich hier ein Hörauftrag für die Zuhörerinnen und Zuhörer an: „Welche Nomen wurden in dem Satz verwendet?“ Neben der Notwendigkeit zuzuhören ist hier auch noch ein Lernerwerb im Bereich der Wortarten zu verzeichnen. In Klasse 3 ist es ratsam, den Arbeitsauftrag zu reduzieren. Fünf Nomen sind für Kinder der dritten Klasse sehr viel. Wenn die Aufgabe auf drei Nomen reduziert wird, wirkt der Nachsatz: „Ihr dürft auch mehr Nomen verwenden.“ auf einige Schülerinnen und Schüler sicherlich anspornend.

3. Gestaltung von Seite 5 und 6:
Bei der Seite 5 soll das Wort „Stein“ wieder an den linken Rand der Seite geschrieben werden. Dieses Mal jedoch von unten nach oben. Anschließend sollen die Kinder mit diesen Buchstaben von oben nach unten einen Satz bilden. Dazu wird zu jedem Buchstaben ein Wort geschrieben. Da die Wortanzahl im Satz und die Wortanfänge durch die

Buchstaben vorgegeben sind, haben Kinder in der Regel keine Schwierigkeiten mit dieser Aufgabe. Um der Rechtschreibung nicht entgegenzuwirken, ist es ratsam, ausschließlich Großbuchstaben zu verwenden.

S ee **T** asse **E** imer **I** gel **N** acht	Ich saß in der Nacht mit einer Tasse Kakao am See, als ein Igel den Eimer umschubste.	**N** UR **I** GEL **E** SSEN **T** OTE **S** PINNEN	Steine am Strand Steine und Muscheln sie sehen bunt aus sie werden trocken und sind farblos

Auf die letzte noch zu füllende Innenseite des Steinbuches schreiben die Kinder ein „Schneeballgedicht". Der kleine Schneeball (ein Nomen) rollt sich bis zu vier Wörtern auf und wird dann wieder kleiner. In der letzten Zeile sollte ein Adjektiv stehen. Prinzipiell könnten die Kinder das Gedicht auch auf weitere Wörter ansteigen lassen. Der zur Verfügung stehende Platz ist hier einschränkend. Das Schneeballgedicht wirkt durch seine feste Struktur und motiviert häufig nicht so schreibbegeisterte Kinder. Sie merken, dass die Aufgabe zu bewältigen ist. An dieser Stelle bemerkte Niko, dass man doch nur schreiben muss, wo man den Stein gefunden hat.

Steine
im Sand
auf dem Spielplatz
gehen durch viele Hände
und landen schließlich
in einer
Hosentasche

Schneeballgedicht von Niko (Klasse 3a)

Oberflächlich betrachtet hat Niko recht, er hat den Fundort seines Steins beschrieben. Um jedoch eine Zeile wie „gehen durch viele Hände" zu schreiben, ist ein Hineinversetzen in den Stein nötig.

Alternativ könnten auf der Seite 6 des Steinbuches auch andere lyrische Gedichtformen eingesetzt werden.

4. Gestaltung von Seite 7:
Nach dieser sehr intensiven, oft spielerischen Vorbereitung, die die Kinder mit Sicherheit nicht unbedingt als Ideensammlung empfunden haben, wird jetzt auf der Rückseite des Steinbuches eine „Steingeschichte“ geschrieben. Um der Hemmung vor dem leeren Blatt vorzubeugen, wird der erste Satz: „Ich bin ein Stein.“ vorgegeben. Das Schreiben dieser Geschichte macht überhaupt keine Schwierigkeiten, denn auch die **Planung** hat überaus intensiv stattgefunden. Während bei einigen Kindern die Geschichtenidee schon in der Vorstellungsrunde der Steine entstand, verfestigte sie sich bei anderen in den Tagen und Wochen danach. Außerdem ist das Papierformat für den Schreibbeginn äußerst vorteilhaft. „Da ist ja nur ganz wenig Platz, das schaffe ich“, sagte Philipp und begann mit seiner Geschichte. Er musste sich noch ein weiteres Steinbuch basteln, das er dann in das erste hineinstellte. Die Geschichte wurde nämlich doch viel länger, als er zunächst vermutet hatte. Dieses Phänomen tritt immer wieder bei Kindern auf. Ähnlich wie bei einer Postkarte fangen sie an zu schreiben, werden dann immer kleiner und müssen sich schließlich noch ein zweites Blatt holen.

Zur **Präsentation** haben die Kinder die Steinbücher aufgestellt und den Stein in die Mitte gelegt. Beim Anschauen der Bücher und beim Lesen der Geschichten der Mitschülerinnen und Mitschüler wurde der jeweilige Stein in die Hand genommen, mit der Zeichnung verglichen und während des Lesens gespürt. Lisa: „ Die Geschichte passt zu Marcels Stein.“

3.2 Eine Schuhgeschichte

Der Einstieg in die Schuhgeschichte erfolgte in einer 4. Klasse über einen stummen Impuls. In der Mitte der Klasse wurden unter ein Tuch unterschiedliche Schuhe gelegt. Diese „inszenierte Mitte“ wurde nach einer Sitzkreisbildung aufgedeckt. Die erste Reaktion der Kinder bestand aus Erstaunen. Normalerweise sahen sie an dieser Stelle ein stimmungsvolles Arrangement zu einer Jahreszeit (z. B. Frühblüher oder Herbstimpressionen aus Obst und Früchten) oder eine Einstimmung auf ein besonderes Erlebnis (z. B. einen Tannenzweig und eine Weihnachtskugel zur Vorbereitung auf ein Weihnachtsmärchen). Normale, getragene Schuhe hatten sie jedoch nicht erwartet.

Für die Inszenierung sollten ganz unterschiedliche Schuhe in unterschiedlichen Größen verwendet werden. Kinderschuhe erleichtern später die Identifikation. Außerdem ist es wichtig, Jungenschuhe und Mädchenschuhe auszuwählen: Skistiefel, Fußballschuhe, Ballettschuhe, Reitstiefel, Wanderschuhe, Hausschuhe, Babyschuhe, Turnschuhe, Winterstiefel, Flip-Flops, Ballschuhe mit hohen Absätzen, Sandalen, ganz normale Halbschuhe für Herren und Pumps für Frauen, Latschen, Gartenschuhe u. v. m. Von jedem Schuhpaar sollte jeweils nur ein Schuh in der Mitte liegen.

Die ersten Schülerreaktionen bezogen sich auf die Schuhbesitzer und -besitzerinnen. Es wurden Vermutungen darüber angestellt, wer welche Schuhe getragen haben könnte. Diese Personen wurden im Sinne der **Ideensammlung** auf ein Plakat geschrieben. Die Schülerbeiträge waren geschlechtsspezifisch eindeutig zuzuordnen. Während sich die Mädchenbeiträge auf die Ballettschuhe und die Ballschuhe bezogen, rankten sich die Vermutungen der Jungen eher um die Wanderstiefel bzw. um die Fußballschuhe. Natürlich ging es schon in dieser Phase über das Nennen der Personen hinaus. Erste kleine Geschichten waren bereits entstanden. So gehörten die Ballettschuhe einem Mädchen, das sich auf ein Casting vorbereitet hatte. Heute ist sie ein berühmter Star. Die Träger der Jungenschuhe waren bekannte Fußballer aber auch Soldaten oder Polizisten auf einem Sondereinsatz. Die Frage nach dem Ort, an dem die Schuhe getragen wurden, hatte sich zum Teil schon ergeben. Auch diese Ideen wurden auf das Plakat geschrieben. Dabei entstanden bereits erste vollständige Geschichten. Beispielsweise hatte der Träger des Wanderschuhs in einer Schlucht einen Unfall. Ein Erdrutsch hat ihn verschüttet und er wurde in letzter Minute von der Bergwacht gerettet.

Wer?	**Wo?**
Fußballspieler, Schauspielerin, Dressurreiter, Balletttänzerin, Polizist, Soldat, Bankangestellter, Lehrer, Wanderer, Förster, Mädchen, Urlauber, Eisverkäufer, Gärtner, Sängerin	Theater, Strand, Schule, Gebirge, Schlucht, Wüste, Büro, Wohnzimmer, Einkaufszentrum, Straße, Restaurant, Fußballstadion, Umkleideraum, Auto, Burg, Feld, Eisdiele, Garten, Wald, Gefängnis, Bank

Die eigentliche **Planungsphase** wurde durch den Impuls eingeleitet, dass die Schuhe ganz unterschiedliche Dinge erlebt haben. Manche haben schöne Erlebnisse gehabt, andere traurige. Einige Schuhe haben aber auch ganz spannende Abenteuer erlebt. Parallel dazu wurden auf drei Plakaten drei entsprechende Smileys präsentiert. Die mündliche Ausgestaltung der Handlungsstränge wurde stichwortartig festgehalten.

Verabredung, Auftritt, Ausflug, gemütlicher Abend, Reitturnier, Reisegewinn, Fußballspiel, Urlaub, Klassenfahrt	Unfall, Krankenhaus, Gipsfuß, verlaufen, Versprechen nicht gehalten, Enttäuschung	Einbruch, Rettung, Lawine, Geräusche, Glasscherben, Verfolgung, Polizei

Gleichzeitig wurden zu den erzählten Geschichtenideen der Kinder ganz gezielt Nachfragen gestellt. Manchmal wurden noch weitere Personen ins Spiel gebracht, um die Geschichte auszugestalten. Gab es Personen, die das Geschehen beobachtet haben? Wie hat er bzw. sie sich gefühlt? Konnte jemand Hilfe holen?

Um die Ausbildung weiterer Handlungsstränge bei möglichst vielen Kindern zu forcieren, eignet sich an dieser Stelle ein Interview. Dazu wird die Klasse in zwei Gruppen eingeteilt. Die Schüler und Schülerinnen der einen Gruppe sind Reporter und Reporterinnen, die andere Gruppe hat eine spannende, merkwürdige oder lustige Schuhgeschichte erlebt und wird nun für einen Zeitungsartikel befragt. Für die Interviewer und Interviewerinnen wird gemeinsam mit der Klasse ein Fragenkatalog entwickelt, den sie während des Gesprächs einsetzen können. Die Kinder überlegen, was die Zeitungsleser und -leserinnen an einer Schuhgeschichte interessieren könnte. Die formulierten Fragen bilden das Gerüst für die spätere Geschichte (s. S. 79).

Das Interview wird zunächst zwischen Lehrkraft und Schüler bzw. Schülerinnen geprobt. Hierbei kann auch gut demonstriert werden, dass es jederzeit möglich ist, von den vorformulierten Fragen abzuweichen. Der Reporter oder die Reporterin kann selbstständig Fragen stellen, die sich dann ganz gezielt auf die entsprechende Geschichte beziehen.

Der didaktische Wert des Interviews liegt darin, dass der Aufbau bzw. die Struktur einer Geschichte ganz unbewusst nachempfunden wird. Mit den ersten drei Fragen wird die Geschichte eingeleitet. Die Befragten erzählen in der Regel aus der Sicht des Schuhs. Eine Perspektivfestlegung ist an dieser Stelle jedoch nicht nötig. Die Geschichten können aus der Sicht der Schuhträger oder auch aus der Sicht des Schuhs geschrieben werden. So meinte Marius z. B.: „Ich bin ein Fußballschuh. Mein Besitzer heißt Marco." Marius erzählte dann die Geschichte eines bekannten Fußballers, mit dem er sich identifiziert. Die zweite Reporterfrage wurde von vielen Kindern während des Interviews und auch in der selbst geschriebenen Geschichte ausgiebig beantwortet. So wurde beschrieben, wie die Skischuhe das ganze Jahr über auf dem Dachboden stehen und sich langweilen, denn es gibt dort nur Skischuhe, mit denen sie sich unterhalten können. Aber einmal im Jahr werden sie ins Auto gepackt und können dann etwas erleben. Die Ballettschuhe liegen im untersten Fach des Schuhregals. Weil sie so klein sind, passiert es manchmal, dass andere Schuhe auf sie draufgestellt werden. Oder es gibt Ballschuhe, die neben Hausschuhen stehen und sich immer streiten. Die Ballschuhe behaupten nämlich, dass sie die Lieblingsschuhe der Besitzerin sind. Das denken die Hausschuhe auch.

Diese Beschreibung fördert den Identifikationsprozess. Die Kinder stellen sich den Aufenthaltsort genau vor. Sie versetzen sich in die Lage der Schuhe, sie nehmen die Umgebung aus ihrer Sicht wahr und antizipieren mögliche Gedanken.

Der mittlere Fragenblock rankt sich um den Hauptteil der Geschichte, der mit der Frage nach der Uhrzeit auf den besonderen Tag hinarbeitet. Mit der Frage nach der Gefühlslage soll versucht werden, eine innere Betroffenheit mit der Situation herzustellen. Diese emotionale Einbindung, die die eigene Person zwangsläufig in das Geschehen involviert, wirkt sich positiv auf die Schreibmotivation der Kinder aus.

Die Abschlussfrage thematisiert den Schluss der Geschichte und gewährleistet auch, dass die Geschichte hier wirklich zu Ende ist. Grundschülerinnen und Grundschüler neigen oft zu einer Aneinanderreihung von Geschichten, die mit dem ursprünglichen Thema nichts mehr zu tun haben. Die Geschichten enden dann beim Nachbarn, der Geburtstag hatte, oder häufig auch in einer bekannten Fastfood-Kette. Dadurch, dass der Reporter bzw. die Reporterin nur noch eine Frage stellt, wird diesen Ausschweifungen entgegengewirkt.

Das Interview sollte so eingesetzt werden, dass die zu befragenden Kinder in der Klasse, auf dem Flur oder im Gruppenraum verteilt sitzen. Die Reporter und Reporterinnen bewegen sich zunächst in der Klasse. Auf ein Zeichen begeben sie sich zu dem räumlich am nächsten sitzenden Kind und führen das Interview durch. Das erzählende Kind denkt sich einen Schuh und eine Geschichte dazu aus. Es kann sich an der im Vorfeld erarbeiteten Ideensammlung orientieren oder ganz frei neue Ereignisse kreieren. Ist das Interview beendet, wechseln die Kinder die Rollen. Auf diese Weise internalisieren die Schülerinnen und Schüler noch einmal die Struktur ihrer eigenen Geschichte als Interviewer bzw. Interviewerin. Durch die strukturierenden Fragen des Interviews können sie den Aufbau ihrer Geschichte nun auch optisch nachvollziehen. Als Erzähler bzw. Erzählerin hatten sie sich ihre Geschichte kreativ ausgedacht, Einzelheiten wurden vielleicht noch im Nachhinein ausgestaltet. Kurzum: Sie hatten ihrer Fantasie freien Lauf gelassen.

Das **Schreiben** der Schuhgeschichte sollte nicht am Tag der Ideenfindung stattfinden. Die Ideen müssen sich in den Köpfen der Kinder festigen und konkretisieren. Vor Beginn des Geschichtenschreibens sollten die Kinder auf eine Festlegung der Erzählperspektive hingewiesen werden.

Zur **Präsentation** werden die Geschichten auf Tonkarton geschrieben, der in Schuhform geschnitten wird. Diese Schuhe können aufgestellt oder auch mit Schnürsenkeln verschlossen werden. Häufig wird der Inhalt der Geschichte in der Gestaltung des Schuhs aufgenommen.

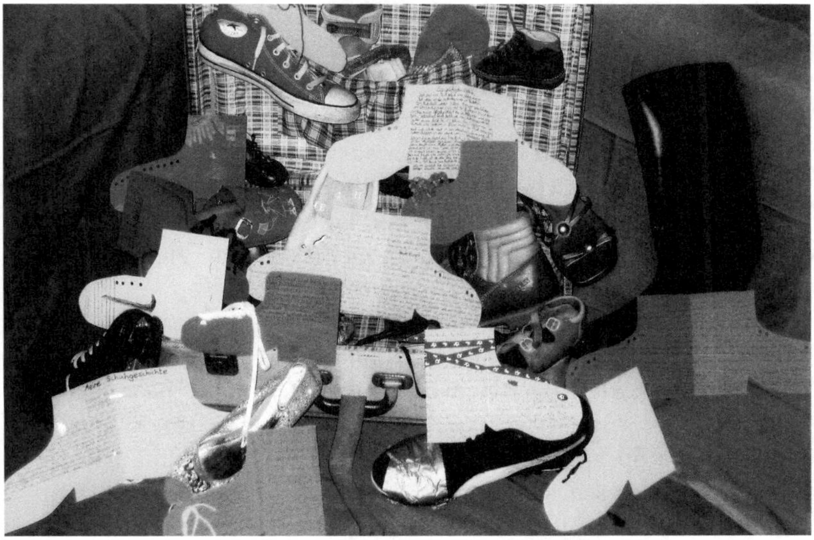

Schuhgeschichten der Klasse 4b

Das spannende Reitturnier
Ich bin ein Reitstiefel und stehe im Keller von Herrn Beerbaum. Ich bin ein Jahr alt.

Wie jeden Tag zieht mich Herr Beerbaum an und geht raus. Er holt sein Pferd von der Weide. Vor der Weide ist eine große Pfütze. Herr Beerbaum sieht die Pfütze nicht und tritt rein. Ich bin ganz schön dreckig. Als er das Pferd von der Weide geholt hat, putzt er es ordentlich und bringt es in den Pferdetransporter. Herr Beerbaum zieht mich wieder aus und steigt ins Auto.

Als wir ein bisschen gefahren sind, zieht er mich wieder an und geht dann zu seinem Pferd und holt es aus dem Transporter raus. Dann sattelt er das Pferd und geht mit dem Pferd auf den Reitplatz. Da reitet er einige Runden.

Dann hören wir einen Mann durch ein Mikrofon sagen: „Herr Beerbaum bitte auf den Springplatz." Ich bin aufgeregt. Hoffentlich kann ich Herr Beerbaum fest in den Steigbügeln halten. Herr Beerbaum reitet auf den Platz. Dann galoppiert er an. Er springt den ersten Sprung. Der erste Sprung geht gut. Die fünf anderen auch. Nur den sechsten Sprung, den schafft er nicht so gut. Denn sein Pferd verweigert. Herr Beerbaum fällt fast runter. Aber ich halte ihn fest in den Steigbügeln.

Schuhgeschichte von Marlene (Klasse 4b)

3.3 Mein Lieblingskuscheltier

Im Gegensatz zu Steinen oder Schuhen muss eine emotionale Bindung zum Lieblingskuscheltier nicht erst aufgebaut werden. Sie ist bei allen Kindern bereits vorhanden und zwar häufig in einer Ausprägung, die das Leben auch erschweren kann. So werden in manchen Familien abendliche Suchaktionen gestartet, da an ein Einschlafen ohne den Lieblingstiger gar nicht zu denken ist. Ganz dramatisch wird es, wenn man auswärts übernachtet und das gute Stück vergessen hat oder wenn eine Wäsche unumgänglich wird. Viele Eltern werden Erinnerungen an diese oder ähnliche Situationen mit den Lieblingskuscheltieren ihrer Kinder haben. Die emotionale Bindung zwischen Kind und Kuscheltier ist stark ausgeprägt und kann deshalb auch gut als Schreibanlass genutzt werden.

Im Rahmen der **Ideenfindung** geht es zunächst einmal darum, die Kuscheltiere der Kinder kennenzulernen. Hier empfiehlt es sich, in den Arbeitsauftrag unbedingt die sprachliche Umschreibung: „Als ihr *klein* wart, hattet ihr doch bestimmt ein Lieblingskuscheltier." aufzunehmen. Besonders die Jungen in der dritten und vierten Klasse könnten es peinlich finden, wenn herauskommt, dass sie noch ein Kuscheltier haben. Verlegt man den Zeitraum jedoch in die frühere Kindheit, hat jedes Kind Geschichten zu seinem Kuscheltier zu erzählen. In der Vorstellungsrunde der Kuscheltiere erzählen die Kinder, von wem sie das Kuscheltier bekommen haben, wann sie es bekommen haben und wo der Platz des Tieres im Kinderzimmer ist. Oft wird in der Vorstellung auch eine Geschichte erzählt, die mit dem Nichtauffinden des Tieres zu tun hat. Häufig sind es Geschichten, an die die Kinder sich wahrscheinlich gar nicht selbst erinnern können, die sie aber so oft von ihren Eltern oder Großeltern gehört haben, dass sie ihnen ganz präsent sind. Die Emotionalität der entsprechenden Situation ist in manchen Kindererzählungen noch Jahre später zu spüren. So erzählte Anne-Sophie mit Entsetzen im Blick, dass Mama sie bei einer Freundin ins Bett bringen wollte: „... und Mama hat wirklich geglaubt, dass ich in einem fremden Bett schlafen kann und dann noch ohne Brummi!"

Häufig sind es schon fertige Geschichten, die die Kinder in der Vorstellungsrunde ihrer Kuscheltiere erzählen. Diese Geschichten aufzuschreiben, ist jedoch nicht interessant und motivierend. Die jeweiligen Kinder haben die Geschichte schon häufig gehört und die Mitschüler und Mitschülerinnen kennen sie jetzt ja auch schon. Für den kreativen Schreibprozess sollte diese Symbiose zwischen Kind und Kuscheltier durch eine bewusst inszenierte Irritation genutzt werden. Der Zeitpunkt des Geschehens liegt in der Vergangenheit. Das verhindert Peinlichkeiten und erhöht die Dramatik, denn kleine Kinder brauchen ihr Kuscheltier ganz besonders.

Die **Planungsphase** beginnt mit einem stummen Impuls, indem von der Lehrkraft „Kuscheltier verloren" an die Tafel geschrieben wird. Nach spontanen Schüleräußerungen wird jedoch noch weiter eingegrenzt, um den Gedanken der Kinder eine Richtung zu geben: „Nach einem Ausflug mit den Eltern oder Freunden war das Lieblingskuscheltier verschwunden!"

Diese Konkretisierung des Geschehens ist für Kinder häufig hilfreich, da sie mit allzu offenen Situationen nicht produktiv umgehen können. Sie brauchen einen Anhaltspunkt, an dem die Gedanken ansetzen können. In diesem Beispiel ist das der Ausflug.

Ob für die Formulierung des Impulses „*das* Lieblingskuscheltier" oder „*dein* Lieblingskuscheltier" verwendet wird, hängt auch vom sozialen Klima in der Klasse ab. Das unpersönliche „das" ermöglicht es den Kindern, sich hinter einem Kuscheltier zu verstecken, während das Wort „dein“ sofort einen emotionalen Bezug schafft. Der Identifikationsprozess wird in vielen Fällen ohnehin vollzogen. Ob der Schutz durch die Anonymität nötig ist, muss jeder Lehrer und jede Lehrerin selbst entscheiden.

Nach spontanen Schüleräußerungen zu dem eingrenzenden Impuls sollte im Sinne einer Anbahnung von Handlungssträngen eine Systematik in die Gedanken gebracht werden. Zunächst einmal ist das Verkehrsmittel entscheidend, das für den Ausflug genutzt wurde, dann der Ort, zu dem der Ausflug ging und schließlich spielt der Finder bzw. die Finderin des Kuscheltieres eine ganz entscheidende Rolle. Die Kinder schlüpfen bei diesem Schreibbeispiel quasi in die Rolle eines Detektivs bzw. einer Detektivin, der oder die den möglichen Weg des Kuscheltieres aufspürt. Dazu werden die Fakten gesammelt und die nicht sichtbaren Vorgänge durch Fragezeichen verdeutlicht (s. u.). Die Kinder werden wie Detektive und Detektivinnen diese aufzuklärenden Phasen mit Ideen füllen.

Die möglichen Verkehrsmittel, die für den Ausflug genutzt wurden, werden aufgeschrieben. Danach werden die möglichen Ausflugsziele besprochen und ebenfalls festgehalten. Zum Schluss stellen die Kinder Vermutungen über den Finder bzw. die Finderin an. Die Nennung des Finders oder der Finderin impliziert häufig schon die Rettung, die Lösung oder den Rückweg des Kuscheltieres in seine Familie. Die leeren Kästen zwischen den feststehenden Fakten werden mit Fragezeichen gefüllt. Hierdurch wird den Kindern auch optisch ganz deutlich, dass es Zeiten und Geschehnisse in der Geschichte gibt, die noch ausfabuliert werden müssen. Der ganz persönliche Fall muss konstruiert werden. Durch die Fragezeichen wird auch deutlich, dass es mehrere Möglichkeiten gibt, wo oder wann das Kuscheltier verloren gegangen ist. Es könnte vor dem Ausflug, im Verkehrsmittel, auf dem Weg zum Ziel, am Ziel oder auch auf dem Rückweg passiert sein.

Kuscheltier gesucht

Verkehrsmittel:
Fahrrad, Zug, zu Fuß, Bollerwagen, Straßenbahn, Bus, Kutsche

???

Ziel:
See, Wald, Eisdiele, Stadt, Museum, Zoo, Rummel, Kino, Gebirge, Ausstellung, Garten von Freunden, Haus von Oma und Opa

???

Finder/Finderin:
Kind, Frau, Opa, Mann, Polizist, Müllmann, Förster, Verkäuferin, Schaffner, Wanderer, Busfahrer, Kinobesitzer, Tante, Straßenfeger

???

Tafelbild

In der Entstehungsphase des Tafelbildes werden die Kinder sicherlich auch inhaltlich zu den Fragezeichen erzählen. Am wichtigsten ist in dieser Planungsphase die Frage nach dem Ort, an dem das Kuscheltier vergessen wurde, herausgefallen ist, heruntergerutscht ist oder vielleicht sogar gestohlen wurde. Diese Ideen werden ganz bewusst nicht aufgeschrieben, denn sie sollen ja von dem Detektiv bzw. der Detektivin, dem Schreiber bzw. der Schreiberin der Geschichte ausfabuliert werden. Auch die beiden Fragen: „Wann wird der Verlust bemerkt?" und „Wer ist der Finder oder die Finderin?" werden nur mündlich besprochen, um die Spannung nicht im Vorfeld zu nehmen.

Für leistungsschwächere Schüler und Schülerinnen kann der „Bauplan für eine Kuscheltiergeschichte" (s. S. 80f.) durch gezielte Fragen konkretisiert werden. Diese Fragen geben insofern Sicherheit, dass bestimmte Aspekte abgehakt werden können. Andererseits lässt er dennoch Freiraum für den Schreiber oder die Schreiberin, sodass dieser oder diese nicht das Gefühl hat, eine Schablone auszufüllen. Die Einhaltung des Bauplans garantiert eine strukturierte Geschichte. Während durch die Beantwortung der ersten drei Fragen in die Geschichte eingeleitet wird, stellen die nächsten Fragen das Gerüst für den Hauptteil dar. Die Gedanken zu den letzten Fragen lösen die Spannung auf und bilden den Schluss der Geschichte.

Der Fragenkatalog des Bauplans kann in ähnlicher Form bei der **Überarbeitung** der Geschichte eingesetzt werden (s. S. 82). Bei der Formulierung der zu bewertenden Kriterien sollte immer zunächst der Inhalt der Geschichte im Vordergrund stehen. Die sprachlichen Aspekte, die in den Fragenkatalog aufgenommen werden, stehen in engem Zusammenhang mit den im Unterricht behandelten Themen. Wurden beispielsweise Satzanfänge thematisiert, sollte dieser Aspekt auch im Überarbeitungskatalog aufgenommen werden. War die wörtliche Rede Unterrichtsgegenstand oder der Gebrauch von Adjektiven, sollten entsprechende Kriterien für die Überarbeitung thematisiert werden. Die stilistischen Aspekte sollten quantitativ hinter den inhaltlichen Fragen zurückstehen.

Für die **Präsentation** der Kuscheltiergeschichten ist es wirkungsvoll, wenn das in der Geschichte behandelte Kuscheltier beim Vorlesen der Geschichte auch präsent ist und vielleicht einen Ehrenplatz in der Klassenmitte oder auf dem Schoß des Autorenkindes bekommt. Die Aufmerksamkeit der Zuhörerinnen und Zuhörer wird durch das konkrete Objekt gebunden und die Geschichte wird dadurch noch lebendiger. Problematisch bei den Lieblingskuscheltieren ist jedoch die Tatsache, dass viele Kinder ihr Kuscheltier nicht über Tage bzw. Nächte in der Schule lassen wollen. Hier ist die Fantasie der Lehrkraft gefragt, die es den Kindern ermöglicht, ihr Kuscheltier repressionsfrei jeden Tag wieder mit nach Hause zu nehmen. Das Reinigungspersonal musste an dieser Stelle schon für so manche Ausrede herhalten: Da eine Grundreinigung des Klassenraums durchgeführt werden sollte, musste alles aus dem Klassenzimmer weggeräumt werden.

Reporterfragen

Um was für einen Schuh handelt es sich?

Wo wohnt der Schuh? Wo ist sein Aufbewahrungsort?

Gibt es noch andere Schuhe oder Dinge, die sich dort aufhalten?

Wann haben die Schuhe an diesem Tag den Ort verlassen?

Wohin sind sie gegangen? War noch jemand dabei?

Was ist dann passiert?

Wie haben sich die Träger der Schuhe gefühlt? Kann das jemand bestätigen?

Welche Rettung/Lösung wurde gefunden?

Bauplan für eine Kuscheltiergeschichte (1)

Wer macht einen Ausflug?

Wie viele Personen sind es? Wie heißen die Personen?
Wie alt ist das Kind?

Um was für ein Kuscheltier handelt es sich?

Wie sieht es aus? Wie groß ist es? Gibt es besondere Merkmale?
Hat es einen Namen?

Welches Verkehrsmittel wurde benutzt?

Wo hat das Kind gesessen?

Wann ging das Kuscheltier verloren?

Beschreibe den Vorgang genau. Warum ging es verloren?

Bauplan für eine Kuscheltiergeschichte (2)

Wohin ging der Ausflug?
Wie sah es dort aus? Was wurde dort gemacht? Waren noch andere Leute da?

____

____

Wer hat bemerkt, dass das Kuscheltier weg ist?
Was wurde gesagt? Was haben die Personen getan?

____

____

Wer hat das Kuscheltier gefunden?
Bei welcher Gelegenheit? Was hat der Finder/die Finderin gerade gemacht?

____

____

Was ist dann passiert?

____

____

Wie kommt das Kuscheltier zurück zu seinem Besitzer/seiner Besitzerin?

____

Bewertung der Kuscheltiergeschichte

von: ____

	☺	☺☺	☺☺☺	Tipps
Die Personen werden beschrieben.				
Das Kuscheltier wird beschrieben.				
Das Verkehrsmittel wird beschrieben.				
Der Verlust des Kuscheltieres wird beschrieben.				
Das Ziel des Ausflugs wird genannt.				
Der Fund des Kuscheltieres wird beschrieben.				
Die Geschichte hat ein Ende.				
Man kann die Geschichte gut verstehen.				
Die Geschichte ist spannend.				
Es gibt unterschiedliche Satzanfänge.				

Schreiben nach einer Erzählmühle

4

Die Idee der Erzählmühle als Schreibgrundlage für eine Geschichte entstand in einer vierten Klasse und zwar in der Abschlussstunde zum Kinderbuch „Fliegender Stern“ von Ursula Wölfel. Die Kinder beurteilten das Buch sehr positiv und waren eher traurig, dass die Geschichte über die beiden Indianerjungen „Fliegender Stern“ und „Grasvogel“ nun zu Ende war. In dieser Situation bemerkte ein Schüler: „Wir können ja neue Geschichten zu den beiden Indianerjungen schreiben.“ Die Idee wurde von der Klasse begeistert aufgenommen und schnell auf Indianergeschichten ausgeweitet. Ganz spontan ergab sich eine Sammlung der möglichen Personen, die in der Geschichte vorkommen könnten. Diese Personen wurden an der Tafel gesammelt.

Es war(en) einmal ...
... ein schlauer Indianerhäuptling.
... zwei kleine Indianermädchen.
... ein Indianerjunge, der sehr gut sehen konnte.
... ein Medizinmann, der in die Zukunft sehen konnte.
... ein Indianer, der nur singen konnte.
... ein ängstlicher Indianer.
... ein Indianer, der immer das Gegenteil erzählte.
... ein sprechendes Indianerpferd.

Tafelbild

Bei dieser **Ideensammlung** fällt auf, dass zuerst eher realistische Personen genannt wurden. Der Beitrag „zwei kleine Indianermädchen“ kam von einem Mädchen und macht das Bedürfnis nach einer Identifikationsfigur für die Mädchen deutlich. Schließlich hatten wir uns in den davorliegenden zwei Wochen fast ausschließlich mit den beiden mutigen Indianerjungen beschäftigt. Die letzten drei Personen wurden nach der Schülerfrage genannt, ob es denn auch eine lustige Indianergeschichte sein könne. Hier ist eine Irritation schon in der Hauptperson enthalten. Ein singender und auch ein ängstlicher Indianer passen nicht in das Bild, das wir über Indianer in unseren Köpfen haben. Indianer sind nicht ängstlich, singen nicht und sagen immer die Wahrheit. Nach dem sprechenden Indianerpferd folgte dann noch eine Fülle von äußerst ungewöhnlichen Personen und Tieren.

Die Idee zur Gestaltung einer Schreibmühle entstand, als die ersten möglichen Wohnorte und Charaktereigenschaften der erfundenen Indianerfiguren genannt wurden. Das Unterrichtsvorhaben wurde nun genauer geplant und strukturiert. In der folgenden Deutschstunde wurden unter die möglichen Hauptpersonen Satzanfänge geschrieben, zu denen Ideen gesammelt wurden.

Tafelbild

Er/sie/es lebte(n) ...
Seine/ihre Lieblingsbeschäftigung war es ...
Eines Tages traf(en) er/sie/es ...
Dann ritten/flogen/fuhren sie ...
Dort ...

Zum Satzanfang „Er/sie/es lebte(n) ...“ nannten die Schüler und Schülerinnen z. B.:
... auf einem hohen Berg.
... in einem riesigen Wald.
... an einer tiefen Schlucht.
... unter einer Baumwurzel.
... bei einem bösen Zauberer.
... an einem gefährlichen See.
... in einem Eisenbahnwagon.
... im Gespensterwald.

Und zum Satzanfang „Seine/ihre Lieblingsbeschäftigung war es ...“ sammelten die Kinder folgende Ideen:
... auf Bäume zu klettern.
... Zaubertränke zu brauen.
... nachts Geräusche zu machen.
... alte Frauen zu erschrecken.
... Indianerpfeile zu verstecken.
... mit Ameisen zu spielen.

Wie in den genannten Beispielen wurden auch zu den weiteren Satzanfängen realistische, aber auch unrealistische, irritierende Ideen genannt. Die Tafel stand voll mit Stichwörtern bzw. Ideen und die ersten Geschichten entstanden in den Köpfen der Kinder. Dabei ist es nicht zwangläufig so, dass die Idee mit der Schaffung einer Hauptperson beginnt, sie kann auch durch jeden anderen Stichpunkt geboren werden.

So erzählte mir Vanessa, dass ihr sofort eine Geschichte zu „Indianerpfeile verstecken“ eingefallen ist. Hier bietet sich natürlich der „ängstliche Indianer“ als Hauptperson an, der dann auch im Mittelpunkt ihrer Geschichte stand.

Spontan fingen die Kinder an, erste Geschichten zu erzählen. Der Übergang von der Ideenfindung zur **Planungsphase** hatte sich vollzogen. Beim Erzählen wurden die ausgewählten Stichwörter mit farbiger Kreide verbunden. Wenn ein Kind nicht mehr weiterwusste, erzählte ein anderes weiter oder zeigte Alternativen auf. Am Ende der Erzählphase gab es vier verschiedenfarbige Handlungsstränge. Vier Geschichten waren in der Grobform entstanden, wurden aber bewusst nicht bis zu Ende erzählt, um die Spannung bei den Kindern zu halten.

Durch die vorgegebenen Satzanfänge wird den Geschichten eine feste Struktur gegeben. Bei den ersten drei Anfängen (Es war(en) einmal ..., Er/sie/es lebte(n) ..., Seine/ihre Lieblingsbeschäftigung war es ...) handelt es sich um die Einleitung. Die Hauptperson wird genannt und durch ihren Wohnort und seine bzw. ihre Lieblingsbeschäftigung näher beschrieben. Mit dem Satzanfang „Eines Tages traf(en) er/sie/es ...“ beginnt der Hauptteil, die eigentliche Geschichte fängt an. Der Satzanfang „Dann ritten/flogen/fuhren sie ...“ garantiert, dass die Spannung nicht zu schnell aufgelöst und die Geschichte nicht gleich zu einem Ende gebracht wird. Denn wenn die Hauptpersonen am Zielort angekommen sind, dann geschieht „Dort ...“ auch noch etwas.

Der Aufbau einer Geschichte (Einleitung - Hauptteil - Schluss) wird zwangläufig von den Kindern eingehalten und auf Dauer internalisiert. Bei dieser Vorstrukturierung ist es ebenso zwangsläufig, dass die Hauptpersonen vorgestellt werden und es kann nicht passieren, dass wichtige Elemente im Handlungsstrang der Geschichte vergessen werden. Die Schüler und Schülerinnen lernen praktisch „by doing“ den Aufbau einer Geschichte richtig zu strukturieren. Wie aufgesetzt wirkt in diesem Zusammenhang die häufig praktizierte Übung: „Heute schreiben wir eine Einleitung.“

Die vorgegebenen Satzanfänge können je nach Leistungsstand der Klasse und entsprechend der Thematik natürlich verändert werden. Äußerst spannungsfördernd ist beispielsweise der Satzanfang „Er/sie/es brauchte(n) Hilfe, weil ...“, der an die letzte Stelle oder auch an die vorletzte Stelle der Erzählmühle gesetzt werden kann. Jemand, der Hilfe braucht, muss zuvor erst einmal in eine missliche, bedrohliche, gefährliche Situation geraten sein. Erst dann kann er gerettet werden. Das Ausdenken von Lösungen und Rettungen ist für Schüler und Schülerinnen sehr motivierend und bringt besonders bei fantasieärmeren Kindern erstaunliche Ergebnisse, denn dabei vollzieht sich das Entwickeln von Fantasie oft im Bereich des logischen Denkens.

Auch Satzanfänge wie „Gemeinsam mit ...“ oder „Plötzlich sah(en)/hörte(n) er/sie/es ...“ können an unterschiedlichen Stellen in die Erzählmühle eingefügt werden. Wichtig ist es dabei, dass nicht zu viele Satzanfänge ausgewählt werden, da in diesem Fall die Gefahr relativ groß ist, dass nicht nur eine Geschichte, sondern eine Aneinanderreihung von Geschichten erzählt wird. Um eine Erzählmühle effizient einzusetzen, sollte man im Vorfeld die Möglichkeiten und auch die Gefahren einzelner Satzanfänge antizipieren.

Um die guten Ideen der Kinder, die an der Tafel gesammelt wurden, noch intensiver für das Geschichtenschreiben zu nutzen, habe ich aus dem Tafelbild eine ganz konkrete Erzählmühle hergestellt. Dazu wurden die Stichwörter zu den einzelnen Satzanfängen abgetippt und auf verschiedenfarbiges Papier kopiert. Die einzelnen Stichwörter wurden auseinandergeschnitten und in einem Kreis unter den farblich passenden Satzanfang gelegt. Um das Medium haltbarer zu machen empfiehlt es sich, die Satzanfänge mit den Ideen zu laminieren. Die kreisförmige Anordnung der Satzanfänge zeigt nun auch optisch eine „runde“ Geschichte.

Die methodischen Einsatzmöglichkeiten der Erzählmühle sind äußerst vielfältig und werden am folgenden Unterrichtsbeispiel aufgezeigt.

4.1 Abenteuergeschichten

Wie in vielen Stadtteilen und Gemeinden veranstaltet auch die Gemeinde, in der meine Schule liegt, regelmäßig Seniorennachmittage. Auf diesen Veranstaltungen wird auch die Grundschule aktiv. Der Schulchor tritt auf und die Kinder aus meiner Klasse lesen aus eigenen Werken vor. Diese Art der **Präsentation** ist für die Schüler und Schülerinnen sehr motivierend und spornt sie immer zu tollen Geschichten an.

Eines Morgens verkündete Dennis, dass es in der kommenden Woche ein Seniorenkaffeetrinken im Gemeindehaus geben würde. Alle Schüler und Schülerinnen der vierten Klasse wollten daraufhin Geschichten schreiben. Das Problem dabei war, dass wir keine Idee und auch keinen Anlass hatten. Gemeinsam überlegten wir und die Idee einer Schülerin: „Wir machen eine Erzählmühle und schreiben dann Abenteuergeschichten.“ wurde aufgegriffen und umgesetzt. Den Kindern war der Umgang mit der Erzählmühle aus der Vergangenheit bekannt und so konnte gleich begonnen werden. Jede Tischgruppe bekam einen Satzanfang (Es war(en) einmal ..., Er/sie/es lebte(n) ... usw.) und hatte den Auftrag, möglichst viele Stichwörter, die zu Abenteuergeschichten passen, zu sammeln. Diese Stichwörter wurden vorgestellt, von der Klasse ergänzt, dann abgetippt, farbig kopiert und für die Erzählmühle aufbereitet (s. S. 94 ff.), die in der Klassenmitte aufgebaut wurde.

Erzählmühle - komplett

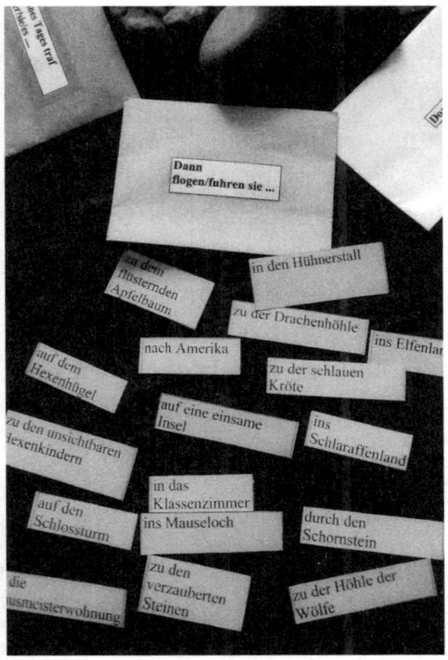

Erzählmühle - Ausschnitt

Erzählmühlen, die von der Klasse selbst angefertigt werden, haben in der Regel eine besonders hohe Schülermotivation zur Folge. Beim Aufschreiben von einzelnen Stichwörtern zu den jeweiligen Satzanfängen haben die Kinder meist schon kleine Geschichten im Kopf. So hatte Nico schon eine Idee zum Gespensterwald und Laura wollte eine Geschichte zu dem einäugigen Drachen schreiben. Werden die eigenen Stichwörter dann beim Erzählen in ganz anderen inhaltlichen Zusammenhängen verwendet, ist es für die Kinder oft überraschend. Laura: „Ich wusste gar nicht, dass es so viele Geschichten zum Drachen gibt.“ Die Kinder sind generell immer sehr gespannt darauf, was für eine Geschichte erzählt wird, wenn ihr eigenes Stichwort ausgewählt wird.

Schon beim reinen Betrachten des Mediums wird deutlich, dass es unzählige Kombinationsmöglichkeiten zu den Stichwörtern gibt, sodass die Erzählmühle über mehrere Tage und Wochen immer wieder genutzt werden kann, bevor die Schüler und Schülerinnen mit dem Schreiben von Geschichten beginnen. Da die Erzählmühle ständig im Klassenraum aufgebaut ist, beschäftigen sich die Kinder auch in den Pausen oder vor dem Unterricht damit. Dabei entstehen nicht zwangsläufig vollständige Geschichten. Wichtig für den **Ideenfindungsprozess** ist, dass auch ohne Lehrkraft durch die Kombination einzelner Stichwörter Gedankengänge angebahnt werden.

Methodisch gibt es viele Möglichkeiten für den Einsatz von Erzählmühlen. Ganz einfach ist es für noch nicht so erzählgeübte Schüler und Schülerinnen, wenn sich je ein Kind hinter einen Satzanfang stellt und einen Satz sagt. Das nächste Kind liest dann den zweiten Satzanfang vor und fügt ein passendes Stichwort ein usw.

Schwieriger ist es, wenn das erste Kind den ersten Satzanfang vorliest, eine Hauptperson auswählt und dann schon zu dieser Person erzählt. Hierbei muss darauf geachtet werden, dass das Erzählkind nicht die Inhalte der folgenden Satzanfänge vorwegnimmt. Das nächste Kind erzählt dann zum zweiten Stichwort. Dieses Stichwort kann ebenfalls ausgeschmückt werden. So könnte beispielsweise der Dachboden ganz genau beschrieben werden mit den Dingen, die dort herumstehen, den Spinnweben, dem alten Schrank, zu dem es keinen Schlüssel gibt usw. Wenn ein Kind genug erzählt hat, gibt es das Wort einfach an das nächste weiter, das mit seinem Satzanfang beginnt, dann ein Stichwort auswählt und dabei den Bezug zur bereits angefangenen Geschichte herstellt. Die Notwendigkeit des Zuhörens ist hier absolut gegeben, da sonst der Handlungsstrang nicht konsequent verfolgt werden kann.

Variiert kann diese zweite Einsatzmöglichkeit dadurch werden, dass man dem Erzählkind noch ein weiteres Kind zur Seite stellt. Dieses Kind hat bei uns in der Klasse den Namen „Flüsterkind“, da es dem Erzähler bzw. der Erzählerin bei Bedarf Ideen zuflüstern kann. Auf diese Weise sind dann noch mehr Kinder in das Unterrichtsgeschehen involviert. Besonders für schüchterne Kinder ist die Rolle der Flüsterkinder sehr gut geeignet. Sie können langsam in die Erzählerrolle hineinwachsen. Wenn diese Kinder dann selbst Erzähler oder Erzählerin sind, gibt es immer noch das Flüsterkind, das helfend eingreifen kann.

Auch die restlichen Kinder der Klasse können durch Beobachtungsaufgaben gut in das Geschehen einbezogen werden. „Was hat euch an der Geschichte gut gefallen?“, „Wodurch wurde die Geschichte lustig/spannend/gruselig?“, „Gibt es ein Stichwort, was nicht so gut gepasst hat?“, „Gibt es Stellen, an denen man die Geschichte verändern könnte?“ usw. Mit diesen und ähnlichen Fragen werden die Schülerinnen und Schüler schon auf mündlicher Ebene auf die spätere **Überarbeitung** vorbereitet. Wie bei den schriftlichen Geschichten sollte auch beim Erzählen von Geschichten zuerst das Positive herausgestellt werden. Tipps oder Verbesserungsvorschläge sollten quantitativ so eingesetzt werden, dass die Motivation nicht verloren geht.

Eine weitere Variante des Einsatzes besteht darin, dass alle Stichwörter umgedreht werden und nur die Satzanfänge aufgedeckt sind. Das jeweilige Erzählkind muss sich ganz spontan auf das „blind“ gezogenen Kärtchen einstellen. Das zweite Erzählkind zieht wieder „blind“ ein Stichwort und muss es nun inhaltlich mit dem Geschichtenanfang in Verbindung bringen usw. Dieses Verfahren ist sehr beliebt bei den Schülerinnen und Schülern, weil die Spannung durch das Unbekannte bis zum Schluss bleibt. Es erfordert jedoch viel Flexibilität und Kreativität.

Die Geschichten der Klasse 4 a sind rechtzeitig zum Seniorennachmittag fertiggestellt worden und wurden mit großem Applaus von den Erwachsenen gewürdigt. Die Kinder konnten ihre Geschichten perfekt lesen und auch an der Betonung wurde im Vorfeld hart gearbeitet. Auffallend an den Schülergeschichten war, dass fünf von 24 Kindern aus der Klasse die „böse Bäckerin“ ausgewählt haben. Sie muss in den Augen der Kinder irritierend gewirkt haben, denn die Bäckerin in unserer Gemeinde, die ihren Laden gegenüber der Schule hat, ist eine überaus freundliche Frau, von der die Kinder auch oft mit kleinen Gebäckstücken verwöhnt werden.

4.2 Märchen

Märchen eignen sich besonders gut als Grundlage für das kreative Schreiben von Geschichten, da sie über eine feste Struktur verfügen. Die Grundkonstellation im Märchen ist die Bewältigung einer Konfliktsituation, einer Aufgabe oder einer Schwierigkeit. Der Schluss ist meistens durch den Sieg des Guten gekennzeichnet. Thematisiert werden zwischenmenschliche Beziehungen, die auch mit Wesen aus dem Fantasiereich dargestellt werden können. Wurde die epische Kurzform „Märchen“ im Unterricht behandelt, können die erarbeiteten Märchenmerkmale durch das Schreiben eigener Märchen gefestigt werden.

Typische Merkmale des Märchens, die für das Schreiben von eigenen Märchen aufgenommen werden können, sind:

- Ort und Zeit sind nicht festgelegt. So beginnen Märchen mit: „Es war einmal …“ und enden mit dem Satz: „Und wenn sie nicht gestorben sind, dann …“
- Märchen haben ein glückliches und gerechtes Ende (z. B. Hochzeit oder Reichtum).
- Die handelnden Personen oder Fabelwesen sind oft dualistisch gruppiert (zwei Kontrahenten, gut und böse, schön und hässlich usw.).
- häufiger Einsatz des Dreierrhythmus (drei Federn, drei Aufgaben, drei Schwestern, drei Wünsche, drei goldene Haare usw.)
- häufiger Einsatz der Zahl sieben (sieben Raben, sieben Zwerge, sieben Geißlein usw.)
- Eine Aufgabe muss bewältigt werden.
- Es gibt märchenhafte Hilfsmittel, die bei der Bewältigung der Aufgabe eingesetzt werden können.

In einer Erzählmühle zum Thema „Märchen“ (s. S. 97 ff.) können diese märchentypischen Merkmale gut in den einzelnen Satzanfängen aufgenommen werden. Auf diese Weise werden sie von den Schülerinnen und Schülern nicht nur in den einzelnen Märchen erkannt, sondern auch konkret im eigenen Märchen angewandt und so gefestigt.

Zu dem ersten Satzanfang „Es war(en) einmal …“ sollten Märchenfiguren mit eindeutiger Struktur zugeordnet werden:
… eine wunderschöne Prinzessin.
… zwei Schwestern.
… eine gute Fee.
… ein trauriger Drache.
… ein verwunschener Prinz.
… eine arme Stieftochter.
… ein altes Königspaar.
… ein mutiger Königssohn.
… ein ängstlicher Prinz.

Der zweite Satzanfang „Er/sie/es lebte(n) …“ stellt sicher, dass die Handlung auch an einem märchentypischen Ort stattfindet:
… in einem prunkvollen Schloss.
… auf einem hohen Turm.
… in einem gefährlichen Wald.
… in einer armseligen Hütte.
… in einem verwunschenen Schloss.
… an einem verzaubertem Fluss.

Durch den nächsten Satzanfang muss nun die eigentliche Handlung in Gang gesetzt werden. Dazu kann der Kontrahent bzw. die Kontrahentin ins Spiel gebracht werden oder die drohende Gefahr oder die zu lösende Aufgabe muss jetzt angesprochen werden. Der Satzanfang „Leider ...“ kann die Personen dualistisch gruppieren, die drohende Gefahr ankündigen oder die zu lösende Aufgabe ansprechen:
... wurde das Land von einem bösen Drachen regiert.
... hat ... eine schlimme Krankheit bekommen.
... wurde ... von der Hexe in eine Katze verwandelt.
... wollte das Ungeheuer jedes Jahr eine Prinzessin fressen.
... war das Land verhext und die Menschen mussten immer weinen.
... musste er/sie drei Aufgaben erfüllen.
... musste er/sie drei Nächte im Zauberschloss verbringen.
... musste ... mit dem Drachen kämpfen.
... kam eine Heuschreckenplage.
... hatte(n) ... nichts zu essen.

Um die Handlung voranzutreiben, sollte sich der nächste Satzanfang auch auf eine Fortbewegung beziehen. Dazu können an dieser Stelle auch zauberhafte, helfende Gegenstände eingesetzt werden.
Er/sie/es flog(en)/ritt(en)/reiste(n) ...
... zu dem Drachenwald.
... über sieben Hügel.
... zu den sieben Hasen.
... durch die gespenstische Nacht.
... in das Königreich der Zwerge.
... mit den rasenden Stiefeln.
... mit der verzauberten Kutsche.
... mit dem fliegenden Teppich.

Am „Einsatzort“ angekommen, könnten nun einzelne Sinnesorgane angesprochen werden, um den Spannungsbogen aufrechtzuerhalten:
Plötzlich sah(en)/hörte(n)/fühlte(n) er/sie/es ...
... große Schatten.
... ein helles Licht.
... leuchtende Augen.
... einen feuerspeienden Drachen.
... einen furchtbaren Schrei.
... eine wunderschöne Melodie.
... ein dreimaliges Klopfen.
... einen eisigen Windzug.
... einen heißen Atem.

Da Märchen in der Regel ein glückliches Ende nehmen und die guten Personen zum Schluss mit dem Königreich, mit Gold und Silber oder mit der schönen Prinzessin bzw. dem schönen Prinzen usw. belohnt werden, sollte durch einen letzten Satzanfang diesbezüglich nachgeholfen werden. Oft sind die zu lösenden Aufgaben so groß oder die Personen stecken in so großen Schwierigkeiten, dass nur noch die „märchenhaften Gegenstände" helfen können:
Zum Glück …
… hatte … einen Zauberstab.
… hatte … einen Zaubertrank.
… kam ein schlauer Spatz.
… hatte … ein magisches Pulver.
… hatte … einen Tarnumhang.
… hatte … Wunschpillen.
… hatte … einen Wunschstein.
… kam ein schwarzer Rabe.
… kam eine weise Kröte.
… hatte … drei Wünsche frei.
… hatte … einen Zauberspiegel.

Um sicherzustellen, dass einzelne Märchenelemente auch ihre Berücksichtigung finden, ist es empfehlenswert, zu jedem Satzanfang typische Stichwörter vorzugeben, die dann auf ausgelegten Blankokarten ergänzt werden können. Die von den Kindern genannten oder geschriebenen Stichwörter werden in den konkreten Geschichten viel häufiger verwendet als die vorgegebenen. Auch hier wird deutlich, dass sich die emotionale Betroffenheit positiv auf die Schreibhaltung und die Schreibmotivation auswirkt.

Die Schlussformel „Und wenn sie nicht gestorben sind …" muss nicht explizit in der Erzählmühle angesprochen werden, da sie intuitiv von den Kindern am Ende einer Geschichte verwendet wird.

Der Lausejunge
Es war einmal ein Lausejunge. Der lebte in einem glitschigen, verdreckten Keller. Leider gab es dort eine Rattenplage. Wegen dieser Plage wollte der Lausejunge nicht länger bleiben. Also ritt er in die verzauberte Stadt.

Plötzlich hörte er ein Flüstern: „Komm her zu mir. Ich hole dich. Ich kriege dich."

Da rannte der Lausejunge schnell davon. Er kam zu einem Bauernhof, klopfte an und fragte: „Könnte ich bei Ihnen in der Scheune bleiben?" Der Bauer antwortete: „Natürlich, nur zu!"

Der Lausejunge ging in die Scheune. In der Nacht hatte er einen Traum. Er sah eine Hexe und die sagte: „Komm her zu mir. Ich hole dich. Ich kriege dich."

Auf einmal wachte er schweißgebadet auf, trank einen Schluck Wasser und schlief wieder ein. Plötzlich machte es: „Kikeriki!" Der Lausejunge wurde wach und schrie: „Ruhe, es ist erst fünf Uhr!"

Dann kam der Bauer und sagte: „Komm Junge, es gibt Frühstück." „Hm lecker, es gibt Brötchen mit Salami und frischer Milch", sprach der Lausejunge.

Danach ritt er in die Stadt. Der Bauer hatte ihm Geld gegeben, damit er auf dem Markt Gemüse und Obst kaufen konnte. Aber dann auf einmal, als er am Gemüsestand war, kam von hinten eine eklige Hand und packte den Lausejungen. Er hörte eine Stimme sagen: „Jetzt hab ich dich!"

Aber zum Glück hatte der Lausejunge noch sein Zaubermedaillon. Darin konnte er die Hexe einfangen. Auf der Rückseite des Medaillons stand der Zauberspruch: Expilliamus. Der Lausejunge drehte sich um und nahm sein Medaillon in die Hand und rief: „Expilliamus!" Dann mit einem Zisch und einem Zosch löste sich die Hexe in Luft auf.

Nun konnte der Lausejunge seine Einkäufe zu dem Bauern bringen. Der Bauer beschloss, den Jungen bei sich aufzunehmen. Nun waren beide zufrieden.

Märchen von Luca (Klasse 4b)

Es war einmal ...

(auf rotes Papier kopieren)

ein alter Mann.	ein kleines Schlossgespenst.
ein Flaschengeist.	eine kleine Hexe.
ein Elfenkind.	ein Mädchen.
ein einäugiger Drache.	ein böser Zauberer.
ein kopfloses Gespenst.	ein kleiner Vampir.
eine gefährliche Kräuterhexe.	eine giftige Spinne.
ein Werwolf.	ein mutiger Ritter.

Er/sie/es lebte ...

(auf grünes Papier kopieren)

auf einem Baum.	in einer dunklen Höhle.
auf einem Boot.	in einem Baumhaus.
im Glockenturm.	in der Gruft unter dem Schloss.
auf dem Friedhof.	in einer Regentonne.
in einer Weinflasche.	im Gespensterwald.
auf dem Dachboden.	im düsteren Keller.
bei der bösen Hexe.	in der Geisterbahn.
hinter der Tafel.	im Schulranzen.

Seine/ihre Lieblingsbeschäftigung war es …

(auf blaues Papier kopieren)

Lehrer zu erschrecken.	Zaubertränke zu brauen.
auf Bäume zu klettern.	nachts Geräusche zu machen.
Sachen zu verstecken.	mit dem Zauberbesen zu fliegen.
Schokolade zu essen.	Zucker in Salz zu verwandeln.
Schlüssel zu verstecken.	Uhren zu verstellen.
Lehrer zu ärgern.	mit Ketten zu rasseln.
mit den Wassernixen zu spielen.	die Seeungeheuer zu erschrecken.
ein Zauberlied zu singen.	Kindern in den Zeh zu kneifen.

Eines Tages traf er/sie/es …

(auf hellgrünes Papier kopieren)

einen Schornsteinfeger.	einen struppigen Hund.
ein Einhorn.	einen Einbrecher.
eine gefährliche Spinne.	einen witzigen Drachen.
ein Krümelmonster.	eine Zauberkrähe.
eine Prinzessin.	einen dicken König.
einen stotternden Ritter.	einen sprechenden Hut.
eine verzauberte Coladose.	einen glitschigen Frosch.
eine böse Bäckerin.	einen lustigen Koch.
eine schwarze Katze.	eine zahme Ratte.

Dann flogen/fuhren sie ...

(auf gelbes Papier kopieren)

nach Amerika.	auf eine einsame Insel.
auf den Schlossturm.	zu der Drachenhöhle.
ins Elfenland.	in die Hausmeisterwohnung.
ins Schlaraffenland.	zu der Höhle der Wölfe.
auf den Hexenhügel.	durch den Schornstein.
in das Klassenzimmer.	zu der schlauen Kröte.
zu dem flüsternden Apfel-baum.	zu den unsichtbaren Hexen-kindern.
zu den verzauberten Steinen.	in den Hühnerstall.
in die Hundehütte.	ins Mauseloch.

Dort ...

(auf weißes Papier kopieren)

mussten sie lachen, weil ...	hörten sie ...
verwandelten sie sich in ...	entdeckten sie ...
sahen sie eine seltsame ...	fanden sie einen Zauberstab.
roch es nach ...	retteten sie ...
befreiten sie ...	erschreckten sie ...
trafen sie ...	versteckten sie ...
lasen sie auf einem Schild ...	war es sehr dunkel.
wurden sie gefangen ...	entdeckten sie ein Geheimnis.

Kopiervorlage 14a: Erzählmühle „Märchen" (1)

Es war(en) einmal ...

(auf rotes Papier kopieren)

zwei Königssöhne.	ein kleines Mädchen.
ein unglückliches Königspaar.	ein verzauberter Rabe.
ein stotternder Prinz.	zwei Schwestern.
ein trauriger Riese.	ein goldener Vogel.
eine kluge Tochter.	ein hässliches Entlein.
ein gefürchteter Sultan.	ein armer Gänsehirt.
ein Fuchs und drei Kätzchen.	sieben Mäuse.
ein vergesslicher Zauberer.	ein Lausejunge.
eine moderne Lehrerin.	ein frecher Diener.

Er/sie/es lebte(n) ...

(auf grünes Papier kopieren)

an einem unheimlichen See.	in einem verwunschenen Wald.
in einer dunklen Höhle.	auf einer einsamen Insel.
in einem prächtigen Schloss.	hinter der verbotenen Mauer.
in einer Burgruine.	in einem kleinen Haus.
hinter den sieben Hügeln.	im Tal der Elfen.
bei der schlauen Kröte.	bei der sprechenden Linde.
in einem Dornenwald.	im Kellergewölbe.
auf dem Dachboden.	hinter der Kirche.

Leider ...

(auf gelbes Papier kopieren)

konnte ... nicht sprechen.	regierte ein böser König.
musste ... drei Aufgaben erfüllen.	hatte(n) ... nichts zu essen.
wurde der Stein des Glücks gestohlen.	war die Prinzessin sehr krank.
wurde der Prinz in ... verwandelt.	lebte dort ein gefährlicher Drache.
war das Rezept für den Zaubertrank verschwunden.	wurde der Tarnumhang gestohlen.
musste ... mit der Schlange kämpfen.	wurde die Prinzessin entführt.
wurde es nicht mehr hell.	kam eine Mäuseplage.
trank ... vergifteten Kakao.	hatte(n) ... sich im Wald verirrt.

Er/sie/es flogen/ritten/reisten ...

(auf blaues Papier kopieren)

mit den verzauberten Schuhen.	mit dem fliegenden Einhorn.
in der goldenen Kutsche.	zu der schlauen Kräuterfrau.
über den Zaubersee.	zu dem Märchenschloss.
in das Reich der Elfen.	zur Königin der Nacht.
durch den Gespensterwald.	zur Höhle des Drachen.
zu der einsamen Wunschinsel.	zu den sieben Schwänen.
in das Reich der Nixen.	durch den verhexten Sumpf.
mit der Rakete.	mit dem fliegenden Teppich.
zu dem verzauberten Schloss.	in die verzauberte Stadt.

Kopiervorlage 14c: Erzählmühle „Märchen“ (3)

Plötzlich sah(en)/hörte(n)/fühlte(n) er/sie/es …

(auf rosa Papier kopieren)

ein riesiges Feuer.	eine kleine Schnecke.
einen feuerspeienden Drachen.	ein schreckliches Bellen.
funkelnde Augen.	eisige Kälte.
riesige Schatten.	den Eingang zur Höhle.
die gefesselte Prinzessin.	das eingesperrte Mädchen.
eine alte Kiste.	einen lauten Knall.
einen Windzug.	ein Flüstern.
die magische Brücke.	eine verschlossene Tür.
eine wunderschöne Melodie.	eine Flaschenpost.

Zum Glück …

(auf weißes Papier kopieren)

hatte … eine Tarnkappe.	hatte … einen Zauberschlüssel.
hatte … einen Zauberstock.	fand … einen Zauberstein.
kannte … den sprechenden Baum.	kam der schlaue Spatz.
fand … eine Wunschmuschel.	hatte … einen treuen Diener.
kannte … einen Zauberspruch.	hatte … Unsichtbarkeitspulver.
kam die kleine Ameise.	kam der bunte Vogel.
kam die gute Fee.	hatte … die drei Federn.
kam der alte Rabe.	fand … eine Wunderblume.
kam eine Schokoladenfee.	hatte … drei Wünsche frei.

5 Schreiben zu Bildern

5.1 Bildergeschichten

Bildergeschichten haben ähnlich wie Reizwortgeschichten einen festen Platz im Deutschunterricht der Grundschule. Obwohl sie wegen der sehr langweiligen Korrektur bei Lehrerinnen und Lehrern eigentlich äußerst unbeliebt sind, werden sie doch hartnäckig als Klassenaufsatz geschrieben.

Bei Bildergeschichten handelt es sich um einen nachgestaltenden Aufsatztyp. In der Vergangenheit wurde davon ausgegangen, dass den Kindern durch die Bilder eine Hilfe gegeben wird, weil der Handlungsablauf durch eine Folge von zwei oder mehr Bildern dargestellt ist. Da die wichtigen Phasen des Geschehens abgebildet sind, dachte man darüber sicherzustellen, dass der Handlungsstrang vollständig wiedergegeben wird.

Die Unterrichtspraxis sah häufig so aus, dass man zu ein bis zwei Bildern das Schreiben von Geschichten übte und dann den Klassenaufsatz schrieb. Das Üben bestand darin, zu den Bildern zu erzählen und auch die Handlung auszuschmücken, die unter Umständen auch zwischen den Bildern geschieht. Als Hilfestellung wurde eine Stichwortsammlung zu den Bildern angefertigt. Die Ergebnisse in den Aufsätzen waren häufig nicht befriedigend. Es gab keine großartigen Unterschiede in den einzelnen Aufsätzen (Wie sollte das auch möglich sein? Schließlich haben alle Kinder zu den gleichen Bildern geschrieben!). Ein Überarbeiten bzw. Präsentieren der Texte wird eher als langweilige Aufgabe empfunden, da alle Geschichten gleich sind. Stilistisch sind die Aufsätze durch Wortwiederholungen am Satzanfang gekennzeichnet. Ein neues Bild wird häufig mit „und dann …“ eingeführt. Ebenso häufig wird auch von Lehrkräften berichtet, dass die „Übungsbildergeschichten“ viel besser ausgefallen sind als der eigentliche Aufsatz.

Die Ursache für die unbefriedigenden Ergebnisse liegt in der Struktur der Bildergeschichte selbst begründet. In Bildergeschichten steckt das Wort „Bilder“ und Bilder sind zum Betrachten und nicht zum Beschreiben geeignet. Die Darstellung auf den Bildern ist auf das Wesentliche beschränkt, man soll den Inhalt mit einem Blick erfassen können. Die Figuren sind meist schematisch und oft stereotypisch skizziert. So ist beispielsweise der kleine Herr Jakob immer mit einer schwarzen Melone und einem geringelten T-Shirt dargestellt. Der Reiz der Bildergeschichte liegt darin, dass schon nach dem flüchtigen Betrachten der Sinn, die Idee erfasst wird. Jetzt soll die Bildergeschichte verschriftlicht werden, das heißt, aus dem flüchtigen Betrachter muss nun ein genauer Beobachter werden. Häufig wurden den Kindern Tipps zum Schreiben der Bildergeschichten an die Hand gegeben, die die Textqualität steigern sollten:

- „Schreibe eine Einleitung, die zu dem ersten Bild hinführt (Personen, Ort vorstellen)."
- „Betrachte die Bilder ganz genau. Beschreibe auch die Kleinigkeiten."
- „Was passiert zwischen den Bildern?"
- „Verwende beim Schreiben unterschiedliche Satzanfänge."
- „Durch den Gebrauch der wörtlichen Rede wird deine Geschichte lebendig."
- „Gebrauche ausschmückende Adjektive."

Aber auch diese Tipps haben oft nicht den gewünschten Erfolg.

Der kleine Herr Jakob

Die Bildergeschichte vom kleinen Herrn Jakob wird auf einen Blick erfasst. Warum soll man sie aufschreiben? Einen Witz erklärt man doch auch nicht! Wendet man die Tipps auf die konkrete Bildergeschichte an, wird deutlich, dass der Nutzen in Zweifel gezogen werden muss. Eine Einleitung ist für das Verständnis der Bildergeschichte nicht nötig. Was der kleine Herr Jakob vor der Situation gemacht hat oder auch seine Befindlichkeit oder seine späteren Pläne spielen keine Rolle, da die Bildergeschichte im zeit- und ortlosen Raum spielt. Auch das genaue Betrachten der Bilder treibt das Verständnis nicht voran. Geschult werden soll schließlich nicht die Beobachtungsgabe, sondern das Entwickeln von Kreativität. Ob auf dem Tisch eine Blumenvase steht oder ein Bild an der Wand hängt, ist egal. Das Aufschreiben des Geschehens zwischen den Bildern macht den Witz bzw. die Pointe völlig kaputt. (Herr Jakob faltet die Zeitung zusammen. Er legt sie auf den Tisch. Dann geht er zur Tür ...)

Da die Figuren stereotypisch dargestellt sind, findet eine Identifikation nicht statt. Somit ist auch der Gebrauch von Adjektiven und ausschmückender wörtlicher Rede nicht nötig. Ohne Identifikation gibt es aber auch keine innere Beteiligung. Unter Umständen kann ja das dargestellte Geschehen vom Betrachter nachvollzogen werden, aber es aktiviert nicht zur Selbsttätigkeit. Die eigenen Erfahrungen mit Hunden können nicht eingebracht werden, da das Geschehen festgelegt ist. Die Kreativität der Schülerinnen und Schüler muss in keiner Weise angeregt werden, da für persönliche Ideen kein Spielraum ist. Auch der mündlichen Kommunikation, die zur Ideenfindung häufig eingesetzt wird, kommt in diesem Beispiel keinerlei Bedeutung zu, da der Sinn der Geschichte mit den Augen erfasst werden kann und so eindeutig ist, dass keine Erklärungen nötig sind. Das Sprechen über die Bilder führt zu keinem vertiefenden Verständnis, sondern wird von den Kindern als absolut überflüssig empfunden. Besonders problematisch ist es, Schulkinder zur Überarbeitung von Bildergeschichten zu motivieren, da sich die Texte nur minimal unterscheiden und alle den gleichen Inhalt haben. Im Prinzip wäre es hier möglich, einen idealtypischen Text für alle Kinder zu schreiben. Auch die Präsentation der Geschichten ist absolut schwierig. Beim Vorlesen werden die Zuhörenden spätestens beim dritten Text nicht mehr motiviert sein, da inhaltlich mit keiner Überraschung zu rechnen ist.

Sollten wir uns also von den geliebten Bildergeschichten verabschieden? Oder gibt es andere, sinnvollere Möglichkeiten ihres Einsatzes?

Die Lösung liegt häufig in der Reduzierung der Bilderanzahl. Wird nur das erste Bild von unserer Bildergeschichte vom kleinen Herrn Jakob eingesetzt (s. o.), kann sich eine Vielfalt von Schreibideen ergeben. Es verändert sich sofort die Erwartungshaltung. Der kleine Herr Jakob unterbricht seine Lektüre, er dreht sich um und schaut zu seinem Hund. Dieser steht an der Tür und bellt. Dieses Bellen muss einen Grund haben. Hat jemand an der Tür geklingelt? Ist jemand am Haus vorbeigegangen? Wer könnte geklingelt haben? Jemand könnte eine Nachricht überbringen. Es könnte eine gute oder eine schlechte Nachricht sein. Der Briefträger bringt ein Päckchen. Wer hat es geschickt? Vielleicht steht jemand vor der Tür, der Hilfe braucht. Vielleicht hat er sich verfahren oder kein Benzin mehr oder jemand hat einen Unfall mit dem Fahrrad oder mit seinen Inlinern oder seinem Roller gehabt. Ein ebenfalls ideenfördernder Impuls an dieser Stelle ist der Hinweis auf die Tageszeit. Ist es Vormittag, Nachmittag oder Nacht? Tritt das Bellen nachts auf, wird es sicherlich nicht die Nachbarin sein, die Milch oder Mehl ausleihen will. Wer könnte es sein? Wie reagiert der kleine Herr Jakob? Wie fühlt er sich?

Mit den letzten Fragen wird deutlich, dass eine emotionale Betroffenheit erzeugt wird. Die Angst vor Einbrechern, die Angst allein zu Hause zu sein oder die Angst vor Dunkelheit ist vielen Kindern nicht unbekannt. Auf den Impuls: „Es könnte ja auch Nacht sein." folgen häufig Schüleräußerungen, die genau dieses Gefühl thematisieren: „Als ich einmal allein war, da hat unser Hund ..." oder „... da habe ich im Garten ein Geräusch gehört." Während bei der Betrachtung der vollständigen Bildergeschichte eigene Erfahrungen und Gefühle gar nicht aufkommen, werden sie im Unterschied dazu bei der Präsentation nur eines Bildes fast automatisch aktiviert. Das Erzählen erster kleiner Geschichten sollte an dieser Stelle zugelassen werden, da es sich um eine gedankliche Auseinandersetzung mit der Situation handelt.

Die impulsgesteuerte **Ideensammlung** sollte visualisiert werden. Dies kann beispielsweise in Form eines Clusters an der Tafel geschehen. Die Lehrkraft sollte im Vorfeld die möglichen oder gewünschten Assoziationsketten antizipieren und entsprechende Impulse vorformulieren. Die Art der Impulse bestimmt ganz entscheidend die Themen der späteren Geschichten. So werden beispielsweise nach den Impulsen: „Es ist Nacht. Der kleine Herr Jakob hört eine Polizeisirene." vermehrt Einbrecher-, Gangster- oder Verbrechergeschichten geschrieben werden.

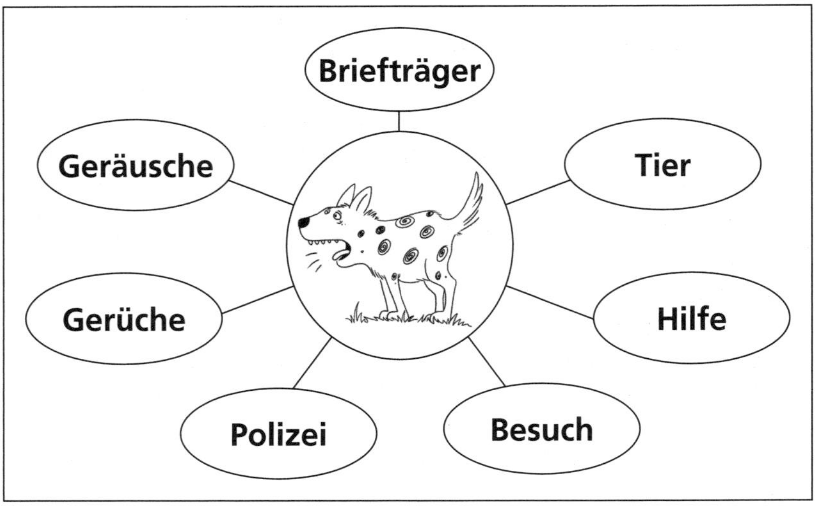

Tafelbild

In der sich anschließenden **Planungsphase** müssen nun diese ersten Ideen konkretisiert werden. Die Stichwörter an der Tafel geben zwar eine erste Richtung für eine Geschichte vor, sie müssen aber „mit Leben gefüllt“ werden. Außerdem sollte beim Ausfabulieren einzelner Handlungsstränge der Aspekt der Irritation einbezogen werden. Allein die Idee „Besuch“ führt zu keiner spannenden Geschichte. Hat der Besuch aber eine Überraschung mitgebracht oder überraschende Neuigkeiten zu erzählen, so wird die Spannungskurve in der Geschichte dadurch angeschoben. Die Kinder werden durch entsprechende Impulse in Erklärungsnot gesetzt, sodass sich Kreativität praktisch aus der Suche nach Lösungen entwickeln muss.

Der Briefträger kann zum Beispiel gute oder schlechte Neuigkeiten bringen oder auch ein Paket abgeben. Ist es ein kleines oder ein großes Paket? Was mag in dem Paket sein? Hat der kleine Herr Jakob überhaupt etwas bestellt? Um welche guten Nachrichten kann es sich handeln? Hat der kleine Herr Jakob etwas gewonnen? Was ist es? Vielleicht darf er bei einer Nachwuchsshow auftreten? Es könnte auch eine Überraschungsreise sein. Wohin geht sie? Was erlebt er auf der Reise?

Dieses sind nur einige Beispiele für mögliche Handlungsstränge, die als Gedankenstütze für die Schülerinnen und Schüler visualisiert werden sollten. Hier bietet sich einmal die Möglichkeit an, in das Tafelbild zu den Stichwörtern weitere Ideen zu schreiben. Für noch nicht so schreibgeübte Kinder, deren Kreativität vielleicht noch stärker auf den Weg gebracht werden muss, bietet sich auch ein Strukturdiagramm an (s. u.). Hier sind die möglichen Handlungsstränge konkreter und auch vielfältiger. Ein Handlungsverlauf in der Geschichte wird vorstrukturiert. Im folgenden Beispiel wurde angenommen, dass der Grund für das Bellen ein Tier sei. Zunächst wurden Tiere genannt, die sich vor der Tür oder in der näheren Umgebung des Hauses befinden könnten. Hier müssen nicht alle von den Kindern genannten Beispiele notiert werden. Eine Auswahl reicht. Durch weitere Striche an den in Ellipsen stehenden Stichwörtern kann verdeutlicht werden, dass die Schüler und Schülerinnen auch andere Varianten auswählen können. Danach wurde die Möglichkeit, dass sich ein Hund vor der Tür befinden könnte, weiterverfolgt. Wie sieht der Hund aus? Ist er groß oder klein? Sieht er gefährlich aus? Gibt es etwas Besonderes an dem Hund? Verhält sich der Hund merkwürdig?

Durch die beiden letzten Fragen werden die Gedanken der Kinder wieder irritiert. Etwas Besonderes bzw. Merkwürdiges fällt aus der Norm und kann die Grundlage für eine Geschichtenidee darstellen. Im Diagramm wurde das „aufgeregte Bellen" weiter ausfabuliert. Auch hier ist wieder die Erklärungsnot spürbar, denn ein Hund bellt nicht ohne Grund ganz aufgeregt vor einem fremden Haus. Die Stichpunkte, die unter „hat etwas entdeckt" stehen, werden in der Regel von Jungen gut angenommen. Hier könnte eine Verbrechergeschichte, ein versuchter Bankraub oder auch der Fund eines Schatzes Thema der Geschichte sein. Mit den Stichwörtern „Kiste im Wald", „verlassenes Haus" und „Licht in der Bank" wird das Thema schon recht genau beschrieben. Ungeübte Kinder haben hier einen roten Faden, ohne dass das spannende Ende vorweggenommen wird. Die Stichwörter, die zu „will Hilfe holen" notiert sind, geben thematisch noch keine Konkretisierung vor. Mit den Fragen: „Wer ist in Not?" und „Wo?" soll lediglich ein Hinweis auf das gegeben werden, was in der Geschichte thematisch folgen muss.

Strukturdiagramme machen den Kindern auf sehr eindrucksvolle Weise deutlich, dass es unendlich viele Geschichten zu einem Ausgangsbild geben kann. Durch Striche, die ins Leere führen, kann dieser Aspekt visuell noch unterstützt werden.

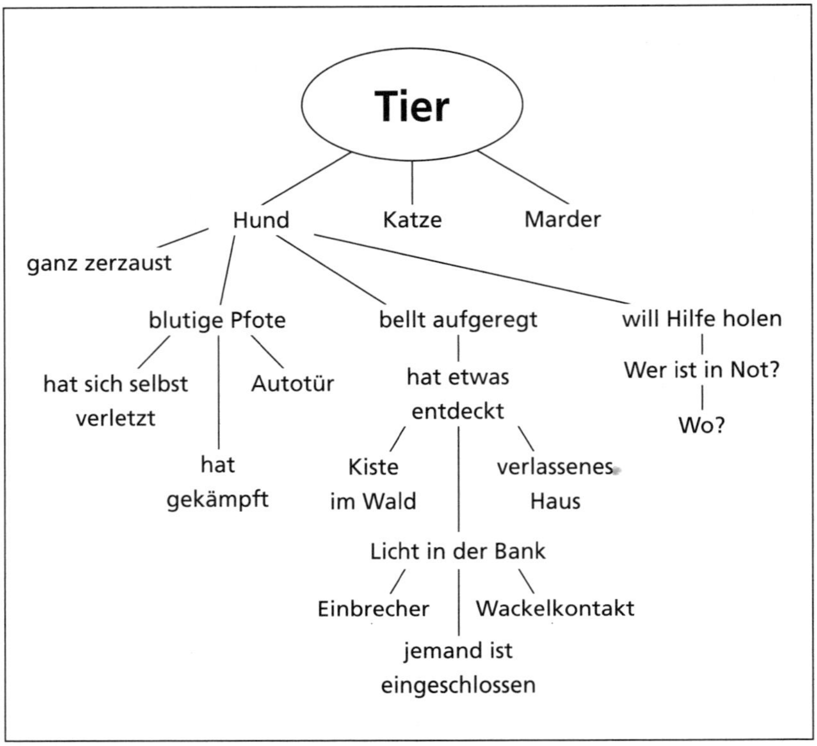

Struktur-diagramm

Vor der Überarbeitungsphase gibt eine Selbstreflexion wichtige Hinweise. Zum einen werden hierdurch für den Schüler oder die Schülerin selbst die Stärken und die Schwachpunkte in seinem bzw. ihrem Schreibprozess verdeutlicht. Zum anderen erhält die Lehrkraft wichtige Hinweise zu den individuellen Schreibprozessen und kann unter Umständen Konsequenzen für die Weiterarbeit ziehen.

Die Selbstreflexion sollte in Tabellenform aufbereitet sein (s. S. 120), da eine freie Äußerung die Kinder in der Regel überfordert. Das Ausfüllen einer Tabelle wird von den meisten Schülerinnen und Schülern gerne und auch sehr realistisch gemacht. Durch das ganz gezielte Nachfragen erfahren die Kinder auch eine erste Wertschätzung. Die Lehrkraft zeigt Interesse, sie will den Schreibprozess der Kinder besser verstehen und jedem einzelnen Kind auch Hilfen geben.

Die Wortwahl in der Tabelle wurde bewusst eher positiv gewählt. Durch „noch schwer" soll dem Kind unbewusst signalisiert werden, dass diese Schwierigkeit nur eine Frage der Zeit ist und überwunden werden kann. In der letzten Zeile kann das Kind seine ganz speziellen Wünsche eintragen. Es fühlt sich ernst genommen und macht durch die Verschriftlichung seiner Probleme unter Umständen den ersten Schritt in Richtung auf eine Verbesserung.

Ein Schüler machte in dieser Tabelle gar keine Kreuze. Er schrieb in den unteren Kasten (im Original syntaktisch nicht korrekt und mit vielen Rechtschreibfehlern): „Das ist alles viel zu schwer für mich. Ich will nicht schreiben. Ich kann dir meine Geschichte erzählen." Dieser Vorschlag wurde dann auch bei der nächsten Geschichte umgesetzt. Der Schüler erzählte ideenreich, aber völlig unstrukturiert, sodass ein Handlungsstrang nur schwer zu erkennen war. Durch gezieltes Nachfragen wurden seine Ideen gebündelt. Er musste sich für konkrete Sätze entscheiden, die gemeinsam mit ihm formuliert wurden. Genau diese Sätze schrieb das Kind dann auf – Satz für Satz. Bei den ersten Geschichten, die so verfasst wurden, schwankte die Anzahl der Sätze zwischen fünf und sieben, konnte aber dann erheblich gesteigert werden.

Diese Tabelle zur Selbsteinschätzung kann auch Grundlage für die Überarbeitungsgruppe sein, denn die unter „noch schwer" angekreuzten Punkte können in der Regel noch verbessert werden. Die Selbsteinschätzung muss inhaltlich auf die in der Geschichte zu beachtenden Aspekte abgestimmt werden. So wird beispielsweise in einer Vorgangsbeschreibung nicht die Spannung, sondern eher die Reihenfolge thematisiert werden.

Für die **Überarbeitung** wurde ein ganz klar formulierter Aufgabenkatalog in die Vierergruppen gegeben (s. S. 121). Die dritte Klasse hatte bisher wenig Erfahrung mit der Überarbeitung von Geschichten und brauchte noch eine genaue Anleitung.

Bei den Arbeitsaufträgen für die Überarbeitungsgruppe handelt es sich um einen Vorschlag, der natürlich jeweils auf die Themenstellung und den Leistungsstand der Klasse abgestimmt werden muss. Im Beispiel wurden feste Absprachen mit der Klasse getroffen, die dann auch für jede weitere Überarbeitung gelten. Das Autorenkind muss seine Geschichte lesen üben, bevor diese in der Gruppe vorgelesen wird. Häufig werden beim leisen Lesen schon erste „Ungereimtheiten" entdeckt und dann gleich behoben (ein Wort fehlt, ein Wort wurde doppelt geschrieben, der Satz ist nicht zu Ende geschrieben). Dieses leise Lesen stellt im engen Sinne den ersten Schritt zur Überarbeitung dar. Bei Aufgabe 2 verteilt die Überarbeitungsgruppe Smileys. Wird nur ein Smiley angekreuzt, muss die Verständlichkeit der Geschichte verbessert werden: Es müssen zwei Sätze eingefügt werden. Werden zwei Smileys angekreuzt, muss ein Satz eingefügt werden. Bei drei Smileys muss inhaltlich nichts hinzugefügt werden. Es empfiehlt sich, in der Überarbeitung feste Regeln/Gruppen/Farben/Orte/Rituale o. Ä. einzuführen. In dieser Klasse werden alle Veränderungen zum Inhalt z. B. in lila geschrieben. Diese immer gleiche Farbe gibt dem Autorenkind noch mal den Hinweis, dass hier zum Inhalt überarbeitet wurde und macht der Lehrkraft offensichtlich, was die Gruppe verbessert hat. Die Aufgaben 3 und 5 sind aufgrund der Klebepunkte sehr beliebt. Die Kinder kleben den gelben Punkt an die Textstelle, an der die wörtliche Rede eingefügt werden soll und einen gelben Punkt an das Seitenende. Zu diesem Punkt wird dann die konkrete wörtliche Rede aufgeschrieben, die vorher in der Gruppe und mit dem Autorenkind besprochen wurde. Genauso verhält es sich mit den grünen Klebepunkten. Zwei grüne Punkte werden in den Text geklebt und mit einer 1 bzw. 2 beschriftet. Dann werden zwei weitere grüne Punkte wiederum an das Seitenende geklebt und ebenfalls beschriftet. Zu diesen Klebepunkten wird dann jeweils mindestens ein passendes Adjektiv geschrieben. Häufig schreibt die Überarbeitungsgruppe auch mehrere Adjektive, sodass das Autorenkind eine Auswahl hat.

Als Lehrer oder Lehrerin muss man die einzelnen Schülergeschichten nicht gelesen haben, um die Überarbeitungsaufgaben festzulegen. Zum einen kennt man den generellen Leistungsstand der Klasse, zum anderen „passen" zwei Adjektive und eine wörtliche Rede in jede Geschichte und verbessern die Qualität des Textes spürbar. Die Aufgaben 4 und 6 hängen insofern zusammen, dass es sich um die rechtschriftliche Kontrolle handelt. Durch das Markieren des Punktes wird der Satz als syntaktische Einheit abgegrenzt. Man könnte an dieser Stelle auch die Aufgabe stellen: „Lest jeden Satz einzeln. Wie hört sich der Satz an?" Im Beispiel soll der Punkt zunächst als Signal für die Großschreibung gefestigt werden.

5.2 Tür-, Fenster- oder Torgeschichten

Grundsätzlich sind alle Bilder als Schreibanlass geeignet, sie müssen die Kinder nur emotional ansprechen. Die persönliche Betroffenheit ist aber nicht immer schon von vornherein vorhanden. Sie kann und muss aber erzeugt werden, denn sie ist in jedem Fall Voraussetzung dafür, dass Kinder kreativ werden können.

Diese einleitenden Sätze machen deutlich, dass es sich beim Schreiben zu Bildern nicht um eine möglichst genaue Bildbetrachtung handelt, die dann in einer Bildbeschreibung mündet. Die Kinder sollen vielmehr das Bild mit ihrer eigenen Wirklichkeit, mit ihren eigenen Erfahrungen, Gefühlen und Ängsten in Verbindung bringen. Diese Verbindung wird besonders gut durch wirklichkeitsnahe Bilder, Fotografien oder Kunstwerke hervorgerufen. Die Kinder sehen einen Gegenstand oder eine Situation, die sie kennen und ziehen unbewusst sofort Parallelen zu eigenen Erfahrungen. Auf die Irritation, die von surrealistischen Werken ausgeht und sie deshalb als Unterrichtsgegenstand prädestinieren, soll an dieser Stelle nicht eingegangen werden (vgl. Spinner 1992).

Im folgenden Schreibbeispiel sollen Eingangstore als Grundlage zum Schreiben von Geschichten dienen. Genauso einsetzbar sind an dieser Stelle Fenster oder Türen. Gemeinsam ist allen drei Gegenständen, dass sie einen Raum begrenzen. Als betrachtende Person sieht man zwar den Gegenstand von außen, aber die Welt hinter dem Gegenstand bleibt im Verborgenen, sodass darüber nur Vermutungen angestellt werden können. Hinter jedem Fenster, jedem Tor und hinter jeder Tür können sich Millionen von Geschichten ereignen. Schöne Ereignisse, traurige oder spannende Geschichten – sie müssen nur in den Köpfen ausfabuliert werden.

Gemeinsam ist beiden ausgewählten Toren, dass sie leicht geöffnet sind. Sie laden den Betrachter bzw. die Betrachterin praktisch ein, hereinzukommen, denn man sieht nur einen Weg, aber nicht das, was sich vielleicht noch hinter dem Tor verbirgt. Dies wird nun während der **Ideenfindung** in den Köpfen entstehen. Das erste Bild zeigt ein Tor, das allein steht und nicht mehr in einen Zaun eingebunden ist. Im Tor fehlen zwei Holzlatten. Die abgeblätterte Farbe und die Roststellen machen deutlich, dass dieses Tor schon seit längerer Zeit nicht mehr regelmäßig benutzt wurde. Auf dem zweiten Bild ist ein schmiedeeisernes Tor abgebildet, das zwischen zwei hohe gemauerte Pfeiler gesetzt ist. Die Vermutungen über das, was sich hinter den Toren befinden könnte, werden schon aufgrund der Torqualität sehr unterschiedlich sein. Die Ideenfindung soll in diesem Beispiel mithilfe eines Leitfragensystems (s. S. 122) erfolgen.

Was könnte sich hinter dem Tor befinden?	Schloss Herrenhaus Palast Burgruine ***verfallenes Haus*** Schuppen Schafstall Wochenendhaus Hotel Tanzschule Strand Altersheim Scheune
Wer ist durch das Tor gegangen?	Rentner Einbrecher alte Frau Spaziergänger mit Hund Polizist Liebespaar zwei Jungen feine Dame drei Mädchen Mann mit Handy ***ein Jogger*** Schlossherr Graf Prinzessin
Warum? Absicht?	
Was ist der Person auf dem Weg hinter dem Tor aufgefallen?	Motorradgeräusche Äste waren abgeknickt es lagen Nägel auf dem Weg Lagerfeuer Reifenspuren ein Paar Turnschuhe roter Schal ***Notizbuch auf dem Weg*** Handtasche Geldscheine
Was ist dann passiert?	jemand ruft um Hilfe verschlossene Tür Eingang zum Versteck gefunden Hundegebell ***geheimes Treffen*** Heft mit Matheaufgaben Badeanzug laute Musik Klavierspielen Krankenwagen Radiomeldung ***Zeitungsartikel***
Wie geht die Geschichte weiter?	

Beispiel

Die Antworten zur ersten Frage: „Was könnte sich hinter dem Tor befinden?“ wurden zum Teil spontan nach der Präsentation der beiden Bilder im Sitzhalbkreis geliefert. Da kein Gebäude auf dem Bild zu sehen ist, ein Tor aber nur Sinn macht, wenn es ein Gebäude mit Grundstück begrenzt, wurden unterschiedlichste Gebäude genannt, die häufig schon präzisiert wurden: ein Wochenendhaus, in dem es immer ganz merkwürdig riecht; eine Burgruine, in der man nachts immer Lichter sieht; ein Wellnesshotel, in dem geklaut wird usw.

Bei der Zuordnung der Gebäude zu dem jeweiligen Tor bestand kein Zweifel. Da die Mädchen der Klasse sich in ihren Äußerungen eher auf das schmiedeeiserne Tor bezogen und die Jungen das verfallene Tor bevorzugten, taufte die Klasse die Tore auf die Namen „Jungentor“ und „Mädchentor“. Diese von der Klasse selbst vollzogene Klassifizierung untermauert die Wichtigkeit, bei Schreibprozessen geschlechtsspezifische Themen anzubieten.

Die Antworten zu den Leitfragen wurden stichwortartig an der Tafel festgehalten. Auffallend war, dass schon zu der ersten Frage kleine Geschichten erzählt wurden bzw. von den Kindern selbst Irritationen eingebaut wurden. Die „merkwürdigen Gerüche“ und auch die „Lichter in der Ruine“ verlangen nach einer Erklärung und regen die Fantasie an. Genauso verhielt es sich mit der zweiten Frage. Die Schülerinnen und Schüler nannten nicht nur mögliche Personen, die durch das Tor gegangen sind, sondern erzählten auch gleich, weswegen die einzelnen Personen durch das Tor gingen bzw. welche Absicht sie hatten, sodass die grundsätzlich mögliche Frage 3 (Warum? Absicht) hier unnötig wurde. Die genannten Personen wurden einerseits bereits in einen Zusammenhang mit den Gebäuden gebracht, waren andererseits aber auch selbst Ausgangspunkt für eine Geschichtenidee.

Zum Teil wurden auch schon genannte Personen mit in einen Handlungsstrang eingebaut. So erzählte ein Kind: „Ein Rentner hat seit mehreren Wochen einen Spaziergänger mit Hund beobachtet, der hat sich andauernd nach allen Seiten umgeschaut hatte. Er trug immer einen großen Rucksack auf dem Rücken. Wenn er wieder aus dem Tor herauskam, dann war der Rucksack leer. Weil ihm das so komisch vorkam, hat er mit einem Polizisten gesprochen, der ...“ An dieser Stelle wurde der Schüler unterbrochen, denn er sollte nicht zu viel von seiner Geschichte verraten. Der Schüler hat seine Geschichtenidee durch die bereits notierten Stichwörter „Rentner“ und „Spaziergänger mit Hund“ bekommen und den Polizisten in die Grobstruktur seiner Geschichte eingefügt. Für das Kind war die zweite Leitfrage Ausgangspunkt für die zündende Idee.

Auch die beiden letzten Leitfragen können, ganz isoliert betrachtet, Ideen hervorrufen. Es kann aber auch sein, dass die Leitfragen in ihrer Gesamtheit ein Hilfegerüst für die Schüler und Schülerinnen darstellen. So hat ein Kind beispielsweise seine Geschichte erzählt und die verwendeten Stichwörter parallel dazu gezeigt. Diese Stichwörter wurden dann mit einem roten Strich verbunden, denn sie stellten den roten Faden in der Geschichte dar.

Die Leitfrage: „Wie geht die Geschichte weiter?“ wurde nicht im Klassenverband erläutert. Zu diesem Zeitpunkt vermehrten sich die Fragen seitens der Kinder, ob sie denn nun endlich schreiben könnten. Bis auf drei Ausnahmen hatten alle Kinder eine Idee. Die drei noch unentschlossenen Kinder blieben im Erzählkreis und erhielten durch konkretes Nachfragen Hilfestellung. Durch diesen flexiblen Phasenwechsel ist es gut möglich, auch den fantasieärmeren Kindern zu verdeutlichen, dass die gestellte Aufgabe zu bewältigen ist. In dieser Phase können die Kinder beispielsweise auch die ersten Sätze schon schreiben. Sie gehen dann an ihren Platz und haben schon einen Geschichtenanfang. Ihr Blatt ist nicht mehr leer, die Idee für die Geschichte ist entstanden und muss nur noch aufgeschrieben werden.

Grundsätzlich kann man anstelle der Torbilder in diesem Schreibbeispiel auch Bilder von Fenstern oder Türen einsetzen. Bei Abbildungen von Fenstern oder Türen ist der Betrachter bzw. die Betrachterin, rein räumlich gesehen, näher am Geschehen. Gehen wir an einem Fenster vorbei, so trennen uns nur wenige Meter von dem, was hinter dem Fenster passiert. Ist das Fenster geöffnet, kann man vielleicht sogar Geräusche, Stimmen oder Wortfetzen hören. Unter Umständen nehmen wir auch einen besonderen Geruch war. Diese Nähe zum Geschehen lässt sich gut für einen Schreibanlass nutzen.

Auswahlkriterium für Fotos von Fenstern oder Türen ist generell das Alter der Objekte. Ein modernes Plastikfenster oder auch eine Glastür inspirieren nicht wirklich zum Geschichtenschreiben. Dagegen können alte Fenster und Türen (genauso wie alte Esstische) viel erzählen. Sie fallen aus dem gewohnten Rahmen, sie unterscheiden sich von den Fenstern oder Türen, die die Kinder kennen. Schon diese Unterschiede beinhalten irritierende Aspekte, die für das Schreiben genutzt werden können. Bei dem ausgewählten Foto handelt es sich um ein Fenster, das in einem antiken Gebäude eingebaut ist. Am steinernen Fries an den Seiten des Fensters und am Rundbogen mit dem Relief kann man erkennen, dass es sich um ein altes Gebäude handelt. Hier haben also schon viele Generationen von Menschen gelebt, die spannende Geschichten aus ihrem Leben erzählen könnten. Geschichten, die in der Vergangenheit spielen, sind bei vielen Kindern beliebt. So können sich die Jungen mit mutigen Rittern und die Mädchen unter Umständen mit der Prinzessinnenrolle identifizieren. Auch die Fensterklappen sind ungewöhnlich. Da sie vor großer Hitze schützen sollen, wird der Standort des Gebäudes eher nicht in Deutschland, sondern in einem fremden Land angesiedelt. Korrekte geschichtliche und geografische Kenntnisse sind an dieser Stelle jedoch absolut unnötig. Für die Kinder ist wichtig, dass es ein ganz altes Haus ist und dass es in einem fremden Land steht. Die Kinder haben durch Bücher und Filme bereits Informationen über vergangene Zeiten oder auch über den Orient, die später in ihre eigenen Geschichten einfließen könnten.

Für die **Ideenfindung** wird die örtliche Nähe zum Platz des Geschehens genutzt. Durch die folgenden Beispiele wird deutlich, dass die inhaltliche Ausrichtung der Leitfragen oder Impulse ganz entscheidend den Inhalt der Geschichten bestimmt. Der Impuls: „Als ich an diesem Fenster vorbeiging, hörte ich einen fürchterlichen Schrei!“ wird andere Ideen in den Köpfen der Kinder provozieren als der Impuls: „Als ich an diesem Fenster vorbeiging, hörte ich eine wunderbare Melodie!“ Ein offen formulierter Impuls: „Als ich an diesem Fenster vorbeiging, hörte ich …“ ist empfehlenswert, da er eine viel größere Variationsbreite an Ideen zulässt. Zur Visualisierung der Ideen bietet sich neben einem Brainstorming, das in Clusterform aufgeschrieben wird, oder einem Leitfragensystem auch das Ideenkarussel an. Hierzu werden mindestens vier immer größer werdende Pappscheiben aufeinandergelegt und in der Mitte fixiert, sodass jede Scheibe gedreht werden kann. Für die einzelnen Scheiben sind unterschiedliche Farben empfehlenswert. Auf die oben liegende kleinste Scheibe wird das Wort „Fenster“ geschrieben. Dann werden von innen nach außen stichwortartig die Schülerbeiträge zu den gestellten Fragen und Impulsen notiert. Beim abgebildeten Ideenkarussel wurde im ersten Ring notiert, was der Spaziergänger vor dem Fenster gehört haben könnte. Die notierten Beispiele machten deutlich, dass in jedem Stichwort schon eine Geschichte schlummert, sodass der Übergang von der Ideenfindung zur **Planungsphase** fließend verlief.

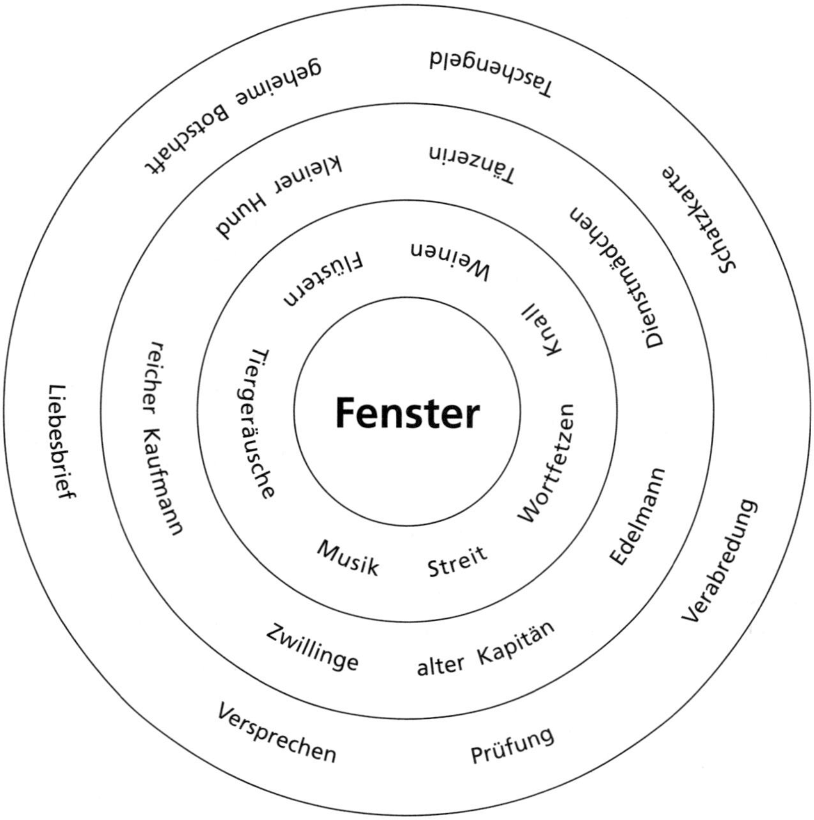

Ideenkarussel zur Fenstergeschichte

Ein Junge erzählte, dass er ein Gespräch gehört hat, aber nicht alles verstehen konnte. Es ging um ein geheimes Treffen, das um Mitternacht stattfinden sollte. Hierzu wurde das Stichwort „Wortfetzen" in den Kreis geschrieben. Ein anderes Kind meinte ein „Weinen" zu hören und stellte gleich die Vermutung an, dass vielleicht ein Kind eingeschlossen sei. Bei dem „Flüstern" wurde vermutet, dass ein Liebespaar sich heimlich verabredet, weil die Eltern es nicht wissen dürfen. Die Kinder, die diese mündlichen Beiträge lieferten, hatten ihre Geschichte im Prinzip schon im Kopf, während andere Kinder noch weitere Ideen benötigten. Deswegen wurde der nächste Kreis mit Stichwörtern zu der Frage gefüllt, wer sich denn wohl in dem Raum hinter dem Fenster aufhalten könnte. Hier entstanden zum Teil neue Ideen, zum Teil wurden aber auch Gedankenstränge aus dem zuvor gefüllten Kreis aufgegriffen. Zum äußersten Kreis wurde die Frage gestellt, wohin die Personen gehen bzw. was sie tun, wenn sie das Zimmer hinter dem Fenster verlassen. Auch hier wurden die kleinen Geschichten in Stichwörtern aufgeschrieben, sodass sie als Ideenbörse auch für andere Kinder zur Verfügung standen.

Der besondere Reiz des Ideenkarussells besteht darin, die einzelnen Scheiben zu drehen. Dadurch stehen immer wieder drei andere Stichwörter untereinander, zu denen neue Geschichten ausfabuliert werden können. Gerne drehen die Kinder die Kreise so, dass scheinbar nicht zusammenpassende Stichwörter übereinanderstehen und lustige Geschichten entstehen. Hier irritieren die Kinder ihre Gedankengänge ganz selbstständig. Kinder, die schon früh in der Ideenfindungsphase eine Schreibidee entwickelt haben, lassen sich von ihrem Grundgedanken oft nicht abbringen. Für Kinder, die nicht so spontan Ideen haben, ist das Karussell sehr hilfreich. Ein wenig schreibfreudiger Schüler hat sich das Karussell so gedreht, dass die Stichwörter „Weinen", „alter Kapitän" und „Taschengeld" untereinanderstanden. Herausgekommen ist eine rührige Geschichte von einem alten Kapitän, der so traurig ist, weil seine Frau ihm immer so wenig Taschengeld gibt.

In der **Präsentationsphase,** die im Klassenraum vom Vorlesestuhl aus stattfand, meldete sich dieses Kind und gab der Klasse vor dem Vorlesen den Auftrag, das Karussell so zu drehen, dass es zu seiner Geschichte passt. Dieser Hörauftrag hatte eine äußerst konzentrierte Klasse zur Folge.

5.3 Schreiben zu Kunstwerken

Das Schreiben zu Kunstwerken kann unterschiedliche didaktische Schwerpunkte verfolgen. Zum einen können sich Kinder durch das Schreiben zu einem Bild dem Kunstwerk selbst nähern, zum anderen wird das Kunstwerk so eingesetzt, dass es Grundlage für die Entwicklung eigener Vorstellungsbilder ist. Im folgenden Beispiel wird die zweite Möglichkeit verfolgt. Aufgrund der Momentaufnahme, die auf dem Kunstwerk dargestellt ist, bietet sich viel Freiraum für Interpretationen. Der Betrachter bzw. die Betrachterin hat keine Informationen zu der Situation vor dem Bild und weiß auch nicht, wie es nach dem Bild weitergeht. Hier setzt die neue Schreibdidaktik an, denn Bilder bieten viel Raum, der mit Assoziationen, eigenen Erlebnissen und Gefühlen gefüllt werden kann.

Picasso malte das Bild „Kind mit Taube" 1901 in Paris. Beeinflusst durch den Selbstmord eines Freundes stellt dieses Bild den Beginn der blauen Phase dar, in der Picasso vor allem Einsame, Trinker, Harlekine und auch Blinde darstellt. Auf dem Bild ist ein Kind dargestellt, das den Kopf neigt und mit beiden Händen eine weiße Taube umklammert. Durch die Haltung des Kindes, die Neigung des Kopfes und

durch den Blick wird jedem Schüler und jeder Schülerin sofort klar, dass es sich um ein unglückliches, trauriges Kind handelt. Dieses Kind, das das Alter von Grundschulkindern in der dritten oder vierten Klasse haben könnte, bietet sich als Identifikationsfigur an.

Traurigsein ist eine für Kinder sehr gut nachvollziehbare Situation aus dem eigenen Erfahrungsbereich. Obwohl alle Kinder dieses Gefühl gut kennen, wird es doch relativ selten thematisiert. Vielleicht ist es die Angst, sich zusätzlich zu seiner Trauer auch noch angreifbar zu machen? Jedes Gespräch über ein Traurigsein beinhaltet auch immer eine Öffnung oder vielleicht sogar eine Bloßstellung, die vermieden werden soll. Kinder erzählen häufig nicht von traurigen Ereignissen aus Angst, dass Mitschülerinnen und Mitschüler sie auslachen und dann alles noch schlimmer machen.

So erzählte Saskia, die mit ganz verweinten Augen in die Schule kam und immer wieder anfangen musste zu weinen, erst nach mehrmaliger Aufforderung und intensiver Zuwendung, dass ihr Hamster gestorben sei. Ihr Nachsatz „Es war doch nur ein Hamster." machte ihre Befürchtung deutlich, nicht ernst genommen zu werden.

Das Thema „Tod" wird generell in der Grundschule viel zu wenig thematisiert. Dabei tangiert es Kinder nicht weniger als Erwachsene. Fast jedes Kind wird im Laufe seiner Grundschulzeit mit der Situation konfrontiert, dass ein Urgroßelternteil, ein Großelternteil oder auch ein geliebtes Tier stirbt. Erwachsene nutzen häufig die Möglichkeit, sich ihre Trauer oder ihre Verzweiflung von der Seele zu schreiben. Das Schreiben hat hier Entlastungsfunktion. Der Schreibende wird sich seiner Situation schreibend bewusst und verarbeitet sie, indem er beispielsweise Tagebuch oder Briefe schreibt. In diesem Sinne soll das Bild „Kind mit Taube" eingesetzt werden. Die Schüler und Schülerinnen haben durch die Identifikation mit der Hauptfigur die Möglichkeit, über ihre Ängste, ihre Probleme und ihre Trauer zu reden.

Im Rahmen der **Ideenfindung** wird den Schülerinnen und Schülern bei einer ersten Bildbegegnung zunächst nur der Kopf bzw. das Gesicht des Kindes gezeigt. Der Rest des Bildes ist mit blauem Tonpapier abgedeckt. Die Kinder werden sofort erkennen, dass es sich um ein trauriges Kind handelt und werden dieses auch am Bild belegen können. Die zentrale Aussage „traurig" wird in der Tafelmitte visualisiert.

In einem nächsten Schritt wird im Klassengespräch versucht, Begründungen für diese Gefühlslage zu finden. Die Hauptgründe, die sich in der Regel unter die notierten fünf Begriffe einordnen lassen, werden ebenfalls notiert.

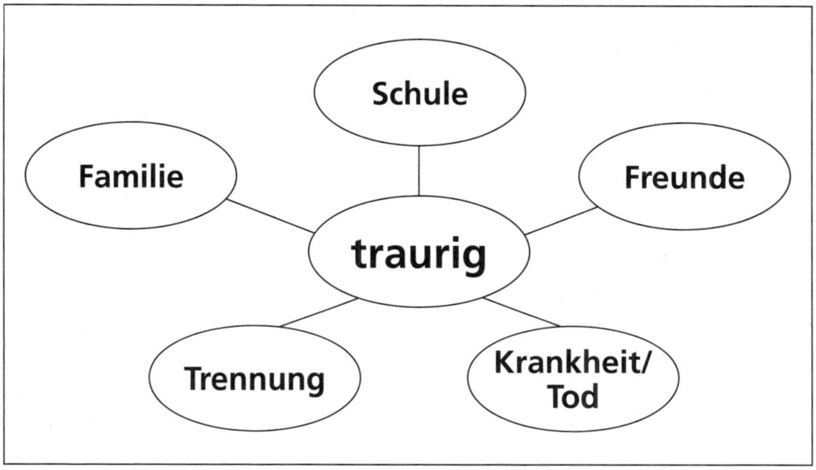

Tafelbild

Nach dieser ersten Ideensammlung wird nun das vollständige Bild gezeigt. Die Kinder werden entdecken, dass die auf dem Bild gegebene Erklärung für das Traurigsein bereits genannt wurde. Falls das bis dahin nicht geschehen sein sollte, wird diese Möglichkeit noch hinzugefügt. Das Kind auf dem Bild könnte traurig sein, weil es die Taube fliegen lassen will bzw. muss (Trennung) oder weil die Taube krank ist (Krankheit/Tod).

Die nächste Phase, die **Planung**, erfolgt in Gruppenarbeit. Dazu werden die fünf Hauptgründe „Freunde", „Trennung", „Familie", „Schule", „Krankheit/Tod" auf je einen großen Papierbogen geschrieben. Diese fünf Papierbögen werden auf fünf Gruppentischen oder fünf Stationen verteilt. Die Kinder sollen nun den Grund des Traurigseins wählen, den sie näher bestimmen möchten. In der Phase der Ideenfindung werden sicherlich nicht nur die notierten Gründe genannt, sondern erste kleine Geschichten erzählt. Die Kinder werden bereits hier Parallelen zu eigenen Empfindungen und Gefühlen entdeckt haben, sodass die Zuordnung zu den verschiedenen Gründen des Traurigseins einen persönlichen Hintergrund haben wird. Die emotionale Betroffenheit, die Voraussetzung für das Schreiben von Geschichten ist, kann sich durch das auf dem Bild dargestellte Kind offenbaren.

In der Gruppenarbeit sollen die Kinder nun die Hauptgründe konkretisieren. Dazu kann ein kleiner Fragenkatalog in die Gruppen gegeben werden:
Überlegt und besprecht folgende Fragen:
• Was ist der genaue Grund für das Traurigsein?
• Welche Personen können beteiligt sein?
• Wie hat alles angefangen?
• Wie fühlt sich das Kind jetzt?
• Gibt es ein Lösung?

Durch die Besprechung der Fragen werden sich zwangsläufig viele konkrete Geschichten ergeben, die in der Regel einen hohen Realitätswert besitzen.

Die Präsentation der Gruppenergebnisse kann in Form eines Vortrags erfolgen, der je nach Leistungsstand der Kinder unter Umständen schon visualisierte Handlungsstränge aufzeigt. Falls die Schülerinnen und Schüler ihre Ergebnisse nur verbalisieren, sollte die Lehrkraft parallel zum Vortrag Stichwörter in das Tafelbild einfügen.

Eine weitere Möglichkeit ist, dass die Kinder ihre Antworten auf die Fragen direkt auf den großen Papierbogen schreiben und ihre Ergebnisse dann der Klasse direkt am Plakat demonstrieren.

Mit der **Überarbeitung** und **Präsentation** dieser Geschichten sollte sehr sensibel umgegangen werden. Häufig entwickelt sich beim Schreiben eine Eigendynamik. Kinder tauchen dann sehr tief in die eigene Situation ein und offenbaren Gefühle oder auch kleine Geheimnisse, die nicht im Klassenverband vorgelesen werden und die auch nicht von einer Überarbeitungsgruppe optimiert werden sollten. Hier steht die entlastende Funktion des Schreibens im Vordergrund. Auch Kinder sollten das Recht haben, sich etwas von der Seele zu schreiben.

Alternativ kann das Bild „Kind mit Taube“ im Unterricht auch so eingesetzt werden, dass es selbst im Mittelpunkt steht. Zur Einstimmung auf das Bild bietet sich ein sinnlicher Zugang an. Als stummer Impuls wird den Kindern eine Feder in die Hand gegeben. Diese Phase, die musikalisch mit Vogelgezwitscher untermalt werden kann, richtet die Kognitionen der Kinder direkt auf den Unterrichtsgegenstand, einen Vogel. Außerdem fördert dieser sensomotorische Einstieg den späteren Aufbau einer emotionalen Beziehung zur Taube. Die Kinder werden sich mit der Feder über die Haut streichen, die Feder in die Luft pusten oder auch den Nachbarn oder die Nachbarin kitzeln. Sie werden den Gegenstand als etwas Leichtes, Zerbrechliches erleben.

Danach bietet sich eine Verrätselung des Bildes durch die Abdecktechnik an. Bereits hier setzt die **Ideenfindung** ein. Wird nur der Bildausschnitt „Hände ohne Taube“ aufgedeckt, werden die Kinder spontan vermuten, was die Hände festhalten könnten. Durch die Einstimmungsphase mit der Feder wird an dieser Stelle sofort ein Vogel vermutet. Die im Vergleich zum feinen Gesicht des Kindes eher grob gemalten Hände provozieren jedoch auch Vermutungen zu der Person, die zu diesen Händen gehören könnte. Wird die Taube nun auch aufgedeckt, wird eine Begründung für das Festhalten der Taube gesucht: „Die Taube wurde gefangen.“, „Es ist eine Brieftaube, die losfliegen soll. Sie hat eine wichtige Botschaft.“, „Sie soll einen Ring bekommen.“

Wird im Anschluss daran der Kopf des Kindes aufgedeckt, kommen sofort neue Vermutungen hinzu. Die Schüler und Schülerinnen sind oft erstaunt, wenn sie das traurige Gesicht sehen (Irritation), da sie aufgrund der Hände eine andere Person erwartet hätten. Die Ideen stehen nun im direkten Zusammenhang zum traurigen Kind: „Das Kind ist traurig, weil die Taube krank ist.“, „..., weil es die Taube fliegen lassen muss.“, „..., weil es nicht weiß, ob die Taube wieder gesund wird.“, „Das Kind hat die Taube gefunden und darf sie nicht behalten.“ Die genannten Ideen sind hier bereits in konkrete Geschichten eingebettet, sodass ein fließender Übergang von der Ideensammlung zur **Planung** stattgefunden hat.

Bei dieser methodischen Vorgehensweise steht die Taube in den Geschichten der Kinder im Mittelpunkt, während im zuerst beschriebenen Beispiel der Schreibende selbst im Mittelpunkt steht.

Kopiervorlage 15: Bogen zur Geschichtenbewertung (5)

Bewertung der Geschichte

von: ______________________________

	ganz leicht	mittel-schwer	noch schwer
Ich habe eine Idee für meine Geschichte gefunden.			
Nach dem Anfang hatte ich Ideen für den Fortgang der Geschichte.			
Ich habe meine Geschichte spannend geschrieben.			
Ich habe eine Überschrift gefunden.			
Ich habe Namen für die handelnden Personen gefunden.			
Ich habe nur eine Geschichte geschrieben.			
Ich habe an spannenden Stellen auch Adjektive gebraucht.			
Ich habe in meiner Geschichte wörtliche Rede gebraucht.			
Ich habe unterschiedliche Satzanfänge gebraucht.			
Hier hätte ich gerne noch Hilfe:			

Wir verbessern die Geschichte

von: ______________________________

1. Das Autorenkind liest seine Geschichte vor.

2. Kann man die Geschichte gut verstehen?

☺	☺☺	☺☺☺

3. Fügt wörtliche Rede in die Geschichte ein.
   (zwei gelbe Klebepunkte)

4. Markiert jeden Punkt in grün und überprüft,
   ob der Satzanfang großgeschrieben wurde.

5. Fügt zwei Adjektive in die Geschichte ein.
   (vier grüne Klebepunkte)

6. Wenn ihr nicht wisst, wie ein Wort geschrieben wird,
   schlagt im Wörterbuch nach.

Torgeschichten

Was könnte sich hinter dem Tor befinden?	
Wer ist durch das Tor gegangen?	
Warum? Absicht?	
Was ist der Person auf dem Weg hinter dem Tor aufgefallen?	
Was ist dann passiert?	
Wie geht die Geschichte weiter?	

Schreiben zu Reizwörtern

6

Das Schreiben zu Reizwörtern gehört genau wie das Schreiben von Bildergeschichten zu den nachgestaltenden Aufsatzformen. Den Kindern werden drei bis vier Wörter gegeben, die in einem eindeutigen thematischen Zusammenhang stehen. Die Aufgabe der Schülerinnen und Schüler besteht darin, eine Geschichte zu diesen Reizwörtern zu schreiben.

Mögliche Reizwörter:
- Ball, Verabredung, Scherben, Ärger
- Schlitten, Rodelbahn, Krankenhaus
- Vogelkäfig, Tür, Feuerwehr

Der pädagogische Wert der Reizwortgeschichte wurde und wird immer noch darin gesehen, fantasiearmen Kindern eine Grundstruktur bzw. eine Idee für ihren Aufsatz zu geben, die möglichst eindeutig ist. Man geht davon aus, dass man Aufsätze auf diese Weise üben kann. Der Aufsatz wird ein- bis zweimal mit einer Reizwortkette geübt und dann als Klassenaufsatz geschrieben. In der Realität entsprechen die Schüleraufsätze jedoch häufig nicht den Erwartungen. Die aufgeführten Reizwörterbeispiele machen deutlich, dass die Variationsbreite in den Geschichten eher gering ist. Der Inhalt ist auf einen Blick klar, sodass ein Ausfabulieren des Textes unnötig erscheint. Häufig wird zu jedem Reizwort nur ein Satz geschrieben. Es ist durchaus möglich, das Geschehen in drei Sätzen zu beschreiben: „Fabian hat sich mit seinem Freund zum Fußballspielen verabredet. Einmal schießt Fabian so hoch, dass der Ball über den Zaun ins Fenster eines Hauses fliegt. Eine Frau kommt heraus und schimpft."

Das Beispiel stellt im engen Sinne eine vollständige Geschichte mit Einleitung, Hauptteil und Schluss dar. Da sowieso alle Kinder eine ähnliche Geschichte schreiben, ist die Motivation für deren Ausschmückungen gering. Außerdem macht die große inhaltliche Ähnlichkeit der Schülergeschichten eine Überarbeitung bzw. Präsentation sehr schwierig: „Warum soll ich zuhören, die Geschichten sind doch sowieso alle gleich."

Solch eine Schüleraussage macht das Hauptproblem dieses Aufsatztyps deutlich. Die Kinder sind nicht neugierig auf die Geschichten ihrer Mitschülerinnen und Mitschüler. Sie sind emotional nicht eingebunden und von daher wenig motiviert, sich mitzuteilen.

Gerade bei Reizwörtern bieten sich jedoch methodische Varianten an, die den Schreibprozess bei den Kindern sehr attraktiv machen. Wählt man Begriffe eher nach dem Zufallsprinzip aus, wird in der Regel schon auf der Wortebene ein inhaltlicher Bedeutungszusammenhang verhindert. Es wird eine Irritation ausgelöst, die für den Schreibprozess sehr förderlich ist.

6.1 Geschichten aus der Box

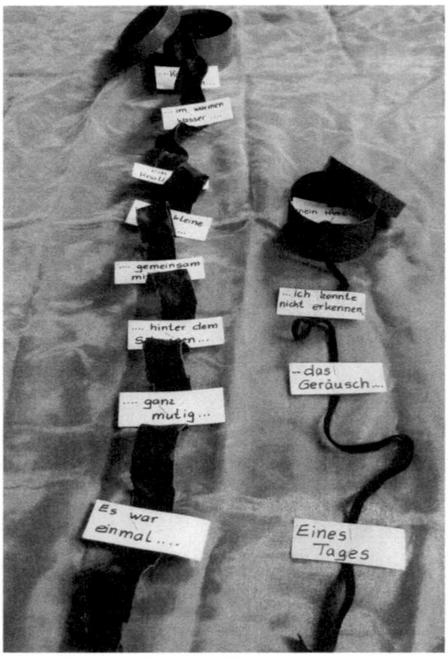

Mit den Geschichten aus der Box wird die Fantasie und Kreativität der Kinder auf spielerische Weise gefördert. Dazu werden sechs bis acht Wörter oder Satzteile auf Wortkarten geschrieben und in Abständen von circa 20 cm auf ein Geschenkband geklebt oder befestigt.

Das Geschenkband wird mit den beschriebenen Wortkarten in eine Box, einen Kasten oder eine Schachtel verpackt, sodass nur noch das Ende des Bandes herausguckt. Inhaltlich werden die Wortkarten so gestaltet, dass thematisch nicht zusammenhängende Wörter oder Satzteile aufgeschrieben werden.

Folgende Oberbegriffe und Wörter können für die Herstellung solcher Geschichtenboxen hilfreich sein:

- Zeitangabe:
  eines Morgens, gestern Abend, vorgestern, letzte Woche, in den Sommerferien, gestern Nacht, am Sonntag, letztes Jahr, vor der Schule, gleich nach dem Mittagessen, am Nachmittag
- Befindlichkeit:
  traurig, ganz mutig, einsam, furchtbar erschrocken, ganz enttäuscht, verletzt, allein, satt, halb erfroren, müde, durstig
- Ort:
  auf dem Schulhof, hinter dem Schuppen, im Kaufhaus, auf der Straße, im Garten, auf dem Fußballplatz, am Teich, im Keller, auf dem Dachboden, im Kinderzimmer, im warmen Wasser
- Tier:
  die kleine Katze, eine freche Maus, ein zotteliger Hund, ein frecher Spatz, ein Frosch, der kleine Igel, ein brauner Hamster, ein kleiner weißer Hund

- Tätigkeit:
  Brief schreiben, Kakao trinken, einen Freund besuchen, Matheaufgaben lösen, einkaufen, aufräumen, den Mülleimer leeren, telefonieren, Blumen pflücken, Schokolade essen, den Fuß verbinden, Kastanien sammeln
- Ding:
  ein rostiger Nagel, ein Schlüssel, ein Papierfetzen, der rote Schal, eine Münze, ein Sportwagen, der bunte Ball, ein Turnschuh, eine Brieftasche
- Beschreibung:
  hoch oben, ein lauter Knall, fest verschlossen, eine wunderschöne Melodie, ganz weich, schimmerte blau, lecker schmecken, ganz gespannt

Die aufgeführten Oberbegriffe sind nur eine Möglichkeit der Zusammenstellung. Der Fantasie des Geschichtenboxherstellens sind hier keine Grenzen gesetzt. Gut geeignet für die entstehenden Handlungsstränge sind auch Verneinungen: „Ich konnte nicht erkennen …“, „Ich wollte nicht …“, „Ich konnte nicht sehen …“ oder auch Satzfragmente: „nur der eine“, „gemeinsam mit“, „keiner konnte helfen“.

Die Reihenfolge der ausgewählten Begriffe ist beliebig. Für noch nicht so erzähl- bzw. schreibgeübte Klassen ist es jedoch hilfreich, auf das erste Kärtchen eine Zeitangabe zu schreiben. Die Einleitung in die Geschichte ist somit garantiert, da die Zeitangabe die Erschaffung einer Hauptperson oder eines Geschehens, das dann in der Ich-Form erzählt wird, zwangsläufig nach sich zieht. Bei der Auswahl der Tiere sollte auf exotische, fremdländische Exemplare verzichtet werden, da sie später nur schwer in eine Geschichte zu integrieren sind. Man müsste die Handlung dann ins Ausland bzw. in den Zoo verlegen, was nicht immer passend ist.

Für die Gestaltung der einzelnen Wortkarten ist es kreativitätsfördernd, wenn nicht nur ein einzelnes Wort notiert wird, sondern eine Wortgruppe oder ein Satzteil. Während das Wort „Schuppen“ allein noch nicht unbedingt ideenbildend wirkt, so werden doch mit dem Ausdruck „hinter dem Schuppen“ vielfältige Assoziationen freigesetzt. Wenn etwas hinter dem Schuppen passiert, soll es nicht gesehen werden, es ist geheim. Vielleicht handelt es sich um ein Treffen oder eine Verabredung. Die Wortgruppe strukturiert die Gedanken, gibt ihnen eine Richtung und ist somit in Bezug auf die Ausbildung der Kreativität wirkungsvoller als ein Einzelwort. Während das Adjektiv „blau“ in einen Handlungsstrang sehr frei verwendet werden kann, verlangt der Ausdruck „schimmerte blau“ eine andere Einbindung in die Handlung. Außerdem wirkt sich die Kombination „Verb + Adverb“ positiv auf den Stil der Geschichte aus.

Für den konkreten methodischen Einsatz bilden die Kinder einen Kreis um die Geschichtenbox, die auf einem Tisch präsentiert wird. Die Hälfte der Klasse erzählt, die andere Hälfte beobachtet. Eine Reihenfolge der erzählenden Kinder muss nicht festgelegt werden. Das Kind, das anfängt, gibt die Idee vor und die anderen stellen sich darauf ein bzw. führen den Gedanken fort oder fügen Erklärungen ein. Ein Melden ist in der Regel nicht nötig, die Schülerinnen und Schüler können einfach weitererzählen, wenn sie eine Idee haben. Die Lehrkraft hat bei den ersten Einsätzen der Geschichtenbox eine stark moderierende Funktion, die sich bei häufigerem Einsatz verringert oder auch an Kinder abgegeben werden kann. Der Lehrer oder die Lehrerin öffnet die Box, zieht das erste Kärtchen heraus und liest es vor oder lässt es vorlesen.

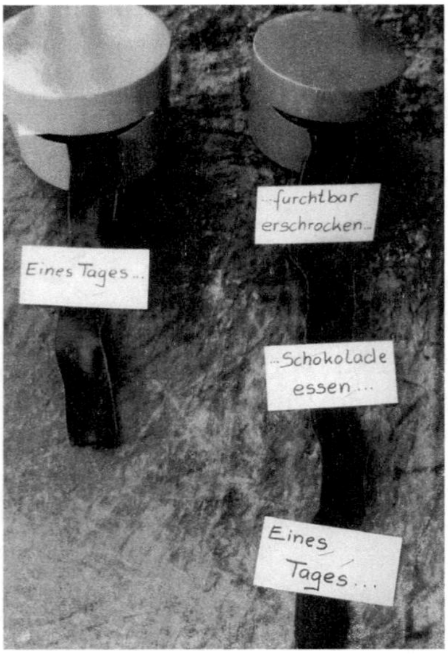

„Eines Tages ...“
Wenn ein Kind den Satz mit „... ging ein alter Mann über die Straße.“ beendet, ist die Richtung vorgegeben. Die Erzählgruppe wird nun aufgefordert, mehr zu dem alten Mann zu erzählen. Dazu stellt die Lehrkraft bei Bedarf Fragen: „Wie sieht er aus?“, „Gibt es Besonderheiten?“, „Was hat er vor?“

Wenn die Geschichte auf den Weg gebracht ist, wird das zweite Kärtchen aus der Box gezogen. Den Zeitpunkt bestimmt zunächst der Lehrer oder die Lehrerin. Dieser sollte nach den ersten Karten nicht zu lange hinausgeschoben werden, da die inhaltliche Ausgestaltung der Geschichte immer differenzierter wird, sodass die Einbindung der weiteren Wörter bzw. Wortgruppen schwierig werden könnte.

„... Schokolade essen ...“
Dieser neue Inhalt muss nun in die bereits vorhandene Geschichte eingebaut werden. So könnte es beispielsweise der Herzenswunsch von dem alten Mann sein, mit seiner Freundin am Nachmittag Schokolade zu essen. Er könnte auch einen Enkel haben, der ganz krank ist, denn er isst immer nur Schokolade. Hierzu wird jetzt eine Lösung gesucht.

Die Schwierigkeit, aber auch der Reiz dieses Einsatzes von Reizwörtern besteht darin, dass sich die Kinder immer wieder ganz spontan auf eine völlig neue Situation einstellen müssen. Die in ihrem Zusammenhang nicht kalkulierbare nächste Wortkarte muss so in die Geschichte eingebaut werden, dass ein Handlungsstrang erhalten bleibt.

Der alte Mann mit seiner Vorliebe für Schokolade muss auch noch im Mittelpunkt der Geschichte stehen, wenn die Wortkarte „... furchtbar erschrocken ...“ aufgedeckt wird. Aus diesem Grund ist es sinnvoll, eine Erzählgruppe einzusetzen, da die Fantasie des Einzelnen doch überfordert sein könnte. Die einzelnen Erzählkinder müssen genau zuhören, denn der Fortgang der Geschichte muss zum bisher erzählten Inhalt stimmen. Die Beobachtungsgruppe erhält den Auftrag besonders gelungene Passagen zu benennen und kann auch Tipps zur Optimierung der Geschichte geben. Diese Gespräche mit der Beobachtungsgruppe bereiten die Überarbeitung eines späteren Textes vor. Auch hier sollte der Inhalt der Geschichte im Vordergrund stehen: „Gab es lustige Erzählstellen?“, „Was hat euch gut gefallen?“, „Gab es Wortkarten, die sehr schwer in die Geschichte einzubauen waren?“, „An welcher Stelle gibt es Verbesserungsvorschläge?“ Mit diesen oder ähnlichen Fragen kann ein Metagespräch strukturiert werden.

Die Geschichten aus der Box müssen nicht verschriftlicht werden. Sie sind kreativitätsfördernd und besonders für fantasieärmere Kinder eine wichtige Übung. So sind diese Kinder nicht gleich auf sich allein gestellt. Sie erfahren in der Gruppe wie aus zufällig zusammengestellten Wörtern eine Geschichte entsteht. Sie können sich mit kurzen Wortbeiträgen einbringen, ohne gleich einen ganzen Text schreiben zu müssen.

Mit Geschichten aus der Box kann schon im ersten Schuljahr begonnen werden. Hierzu werden nach dem gleichen Prinzip Bilder auf ein Geschenkband geklebt, die dann in eine Geschichte eingebaut werden müssen. Die Variante mit Gegenständen, die aus einem Fühlbeutel gezogen werden müssen, hat den Nachteil, dass sich die Kinder beim Aussuchen des nächsten Gegenstandes an der Form bzw. an der Stimmigkeit zum bisherigen Inhalt orientieren können: „Das ist ein Ball, aber den nehme ich nicht. Der passt nicht in die Geschichte.“ Das Prinzip der Irritation wird in seiner Wirkung viel stärker ausgeschöpft, wenn die Reihenfolge der Wortkarten oder Bilder durch das Band vorgegeben ist.

6.2 Schreiben zu Lieblingswörtern

Grundgedanke dieses Schreibbeispiels ist es, Kinder zu Reizwörtern schreiben zu lassen. Bei den Reizwörtern handelt es sich jedoch nicht um vorgegebene, thematisch stimmige Wörter, sondern um die Lieblingswörter der Kinder. Das sind Wörter, zu denen sie einen ganz besonderen Bezug haben. Wörter, mit denen sie bestimmte Situationen oder auch Stimmungen verbinden.

Kinder können Lieblingswörter zu ganz unterschiedlichen Bereichen haben: „Womit spiele ich am liebsten?“, „Was esse ich besonders gerne?“, „Welches ist meine Lieblingseissorte?“, „Welcher ist mein Lieblingskuchen?“, „Wo bin ich in den Ferien am liebsten?“, „Wer sind meine besten Freunde?“, „Wie heißt meine Lieblingssendung im Fernsehen?“, „Welche Tiere habe ich am liebsten?“, „Wie heißt mein Lieblingsstar?“, „Was ziehe ich am liebsten an?“, „Welche sind meine Lieblingsbücher?“

Zu all den auf diese Fragen gegebenen Antworten haben die Kinder einen emotionalen Bezug, der für das Schreibbeispiel genutzt wird. Nennt ein Kind als Lieblingskuchen beispielsweise „Schokoladenkuchen“, so wird es ganz spezielle Situationen im Kopf haben, die es mit diesem Schokoladenkuchen verbindet. Vielleicht ist es sein Geburtstag, an dem es immer diesen Kuchen gibt? Vielleicht backt Oma immer Schokoladenkuchen? Oder Mama hatte genau diesen Kuchen gebacken, als das Kind aus dem Krankenhaus nach Hause gekommen ist?

Für das Schreibbeispiel können auch Lieblingswörter im negativen Sinne verwendet werden, das heißt Wörter, zu denen die Kinder auch einen emotionalen Bezug haben, allerdings einen negativen: „Welche Tiere magst du gar nicht?“, „Was magst du gar nicht essen?“, „Vor welchen Tieren fürchtest du dich?“ Die negativ besetzten Themenbereiche sollten hier nicht auf Personen ausgedehnt werden, da unter Umständen tiefgreifende Probleme angesprochen werden, die in diesem Schreibbeispiel nicht aufgearbeitet werden können.

Im Rahmen der **Ideenfindung** müssen zunächst die Lieblingswörter ausgewählt werden. Dafür wird ein DIN-A4-Blatt längs halbiert und in vier gleich große Teile gefaltet.

1	2	3	4

Auf jedes der vier Felder schreiben die Kinder nun Lieblingswörter zu unterschiedlichen Bereichen. Diese Bereiche werden von der Lehrkraft ausgewählt. Um die Überraschung bei den Schülerinnen und Schülern zu gewährleisten, sollten über Sinn und Absicht des Vorgehens keine Äußerungen gemacht werden. Außerdem wählen die Kinder ihre Lieblingswörter viel ehrlicher und unbefangener aus, wenn sie nicht wissen, was damit dann später gemacht werden soll.

Nach dem Falten des Blattes bittet die Lehrkraft die Kinder, in das erste Feld vier Gegenstände aus dem Kinderzimmer zu schreiben, die dem Kind besonders wichtig sind. Hier sollen nur die konkreten Gegenstände aufgeschrieben werden, nicht der Oberbegriff. Der würde im Fortgang der Ideenfindung vom Wesentlichen ablenken. Wenn alle Kinder fertig sind, schreiben sie in das zweite Feld vier Süßigkeiten, die sie besonders gerne essen. In das dritte Feld werden vier Tiere geschrieben, die sie nicht mögen. Das letzte Feld wird mit vier Stars beschrieben, die man aus dem Fernsehen kennt und gerne einmal kennenlernen möchte.

Mit diesen 16 Wörtern hat jedes Kind eine ganz persönliche Ballung von emotional bedeutsamen Gegenständen oder Gefühlen zu Papier gebracht. Besonders die letzte Seite wird dem Anspruch gerecht, Schreibaufgaben auch geschlechtsspezifisch auszurichten. Während viele Jungen bei Stars eher an Fußballspieler denken, so sind es bei den Mädchen eher Schauspieler und Schauspielerinnen oder Sänger und Sängerinnen.

1	2	3	4
MP3-Player	Mandelschokolade	Tarantel	*Sebastian Scheinsteiger*
Tigerpuschen	Kirschbonbons	Spinne	Lukas Podolski
Lego: Polizei-LKW	Fruchtgummi	*sabbernder Hund*	Orlando Bloom
Buch: Herr der Diebe	*Schokoladeneis*	Regenwurm	Before

Beispiel

In der nun folgenden **Planungsphase** wird die Zahl der Lieblingswörter auf vier eingeschränkt. Dazu werden die Kinder, die zu diesem Zeitpunkt meist sehr gespannt auf das weitere Vorgehen sind, aufgefordert, Wörter einzukreisen. Im ersten Feld das zweite Wort, im zweiten Feld das vierte Wort, im dritten Feld das dritte Wort und im vierten Feld das erste Wort.

Zu den vier Reizwörtern aus dem o. g. Beispiel „Tigerpuschen", „Schokoladeneis", „sabbernder Hund" und „Sebastian Schweinsteiger" soll nun eine Geschichte geschrieben werden. Dabei ist die Reihenfolge der zu verwendenden Reizwörter beliebig.

Die Irritation besteht in der Kombination der Wörter, die einzeln betrachtet für den Schreiber oder die Schreiberin bedeutsam sind. Zusammengewürfelt lösen die vier Reizwörter jedoch eher ein Schmunzeln aus, denn es werden Bereiche kombiniert, die keinen inhaltlichen Zusammenhang aufweisen. Genau darin liegt der Reiz dieser Schreibaufgabe.

„Sebastian Schweinsteiger" ist für das Kind der Held auf dem Fußballplatz. Es weiß, bei welchem Verein der Fußballer spielt, es kennt die Position, auf der er spielt und es kennt die Eigenarten, die Tricks, die Tore, die diesen Spieler auszeichnen. Plötzlich soll er mit den „Tigerpuschen" in Verbindung gebracht werden. Die vorhandenen kognitiven Strukturen werden aufgebrochen und ganz neue Denkrichtungen entstehen. Ist die Verbindung im Kopf zu den „Tigerpuschen" hergestellt, müssen nun noch das „Schokoladeneis" und der „sabbernde Hund" integriert werden.

Viele Kinder stellen die Person, die als Reizwort vorgegeben ist, zunächst in das Zentrum der Überlegungen. Dann werden Verknüpfungen zu den anderen Reizwörtern gezogen. Um die Denkrichtungen der Kinder besser zu strukturieren, können die Reizwörter auf Kärtchen geschrieben werden.

Sebastian Schweinsteiger	Tigerpuschen
sabbernder Hund	Schokoladeneis

Diese Karten können dann je nach ausfabuliertem Handlungsverlauf verschoben werden. Werden Alternativen angedacht oder zunächst überlegte Geschichten verworfen, stellen die vier Karten eine Minimalvisualisierung des Geschehens dar. Außerdem bieten sie eine Hilfe beim Schreiben der Geschichte. Die Präsenz der Karten garantiert zum einen, dass der Schreiber auch wirklich alle vier Reizwörter in seine Geschichte einbaut und erinnert ihn zum anderen daran, beim Thema, das heißt, bei diesen vier Wörtern zu bleiben.

Zur **Überarbeitung** bietet sich bei diesem Schreibbeispiel ein Bogen zur Selbstreflexion an (s. S. 120). Grundsätzlich sind natürlich alle Varianten der Überarbeitung möglich. Der Vorteil der Selbstreflexion besteht darin, dass keiner der Mitschüler die Reizwortgeschichten vor der **Präsentation** kennt. Das erhöht die Spannung auf die Geschichten und die Motivation zuzuhören. Als Hörauftrag bietet es sich an, die eingebauten Reizwörter herauszufinden.

6.3 Eine Namensgeschichte

Der eigene Name bietet sich in vielfältigen Variationen für Schreibspiele an. Auch für Reizwortgeschichten gibt es Möglichkeiten, die die Kinder aufgrund ihres Namens emotional einbinden.

Zur **Ideensammlung** schreiben die Schülerinnen und Schüler zu ihrem Namen in Form eines Akrostichons Nomen auf, die ihnen besonders wichtig sind oder zu denen sie eine besondere Beziehung haben. Das Ergebnis ist eine Sammlung von Dingen und Personen, die in der Vergangenheit zum Kind in Beziehung getreten sind. In der Regel werden positiv besetzte Nomen genannt. Es können jedoch auch negativ besetzte Nomen aufgeschrieben werden. Oft sind es gerade diese Nomen, die das Kind nachhaltig beeindruckt haben. Häufig werden an dieser Stelle Situationen genannt, die zunächst Angst machten, in denen die Angst dann aber überwunden wurde, z. B. im Krankenhaus, während einer Zugfahrt, auf dem Dreimeterbrett.

M agenschmerzen
A quarium
R ufus
I ndianerbuch
U niform
S nowboard

Marius hat zum Buchstaben „M" „Magenschmerzen“ aufgeschrieben. Die Magenschmerzen entpuppten sich später als Blinddarmreizung und hatten eine Operation und einen einwöchigen Krankenhausaufenthalt zur Folge. Diese Operation, die zum Zeitpunkt der Namensgeschichte etwa zwei Monate zurücklag, war für ihn ein so einschneidendes Erlebnis, dass er in Ermangelung eines „B“ für „Blinddarm“ die auslösenden „Magenschmerzen“ aufgeschrieben hat. Das „Aquarium“ hat er zum Geburtstag bekommen. „Rufus“ ist sein bester Freund. Bei dem „Indianerbuch“ handelt es sich um den „Fliegenden Stern“ von Ursula Wölfel, den die Klasse mit viel Freude gelesen hat. Die „Uniform“ bezieht sich auf seinen Berufswunsch. Marius möchte Flugkapitän werden. Das „Snowboard“ steht in Zusammenhang mit den letzten Weihnachtsferien, in denen er einen Snowboardkurs machen durfte.

Bei Marius verbirgt sich hinter jedem einzelnen Nomen bereits eine Geschichte. In seiner Namensgeschichte hat er diese Einzelheiten zu einer neuen Geschichte zusammengefügt. Er erzählt vom Skiurlaub mit seinen Eltern und Großeltern, die ihm einen Snowboardkurs zu Weihnachten geschenkt haben. Nach zwei Tagen bekommt Marius Bauchschmerzen, die immer schlimmer werden. Er muss schließlich ins Krankenhaus. „Dort gibt es viele Männer und Frauen in Uniform, die sich um mich kümmern." In seinem Zimmer liegt ein Junge mit dem Namen Rufus. Rufus liebt auch Indianerbücher und so tauschen sie ihre Bücher aus.

Auch ohne tiefgreifende psychologische Kenntnisse kommt hier die Vermutung auf, dass Marius durch seine Geschichte den Krankenhausaufenthalt verarbeitet hat.

F erien
R ollerblades
E inrad
D eichweg
E insiedlerkrebs
R iesenrutsche
I nsel
K artenspiel
E rdbeereis

Frederike hat nur Nomen aufgeschrieben, die sich auf den letzten Sommerurlaub beziehen. Innerhalb dieser Nomen ist ein thematischer Zusammenhang deutlich erkennbar. Für Frederike war dieser Sommerurlaub sehr wichtig. Sie hat im Urlaub Geburtstag gehabt, ein Einrad geschenkt bekommen und auf dem Deichweg das Einradfahren gelernt. Für Frederike war eine Irritation ihrer Gedankengänge nicht nötig. Sie wollte unbedingt von ihrem Ferienerlebnis erzählen. Sie war so glücklich, dass sie das Fahren mit dem Einrad gelernt hat.

Die meisten Kinder schreiben jedoch Nomen auf, die inhaltlich nicht zusammengehören, sodass vertraute Denkmuster irritiert werden und ein Reiz entsteht, eine Geschichte zu schreiben.

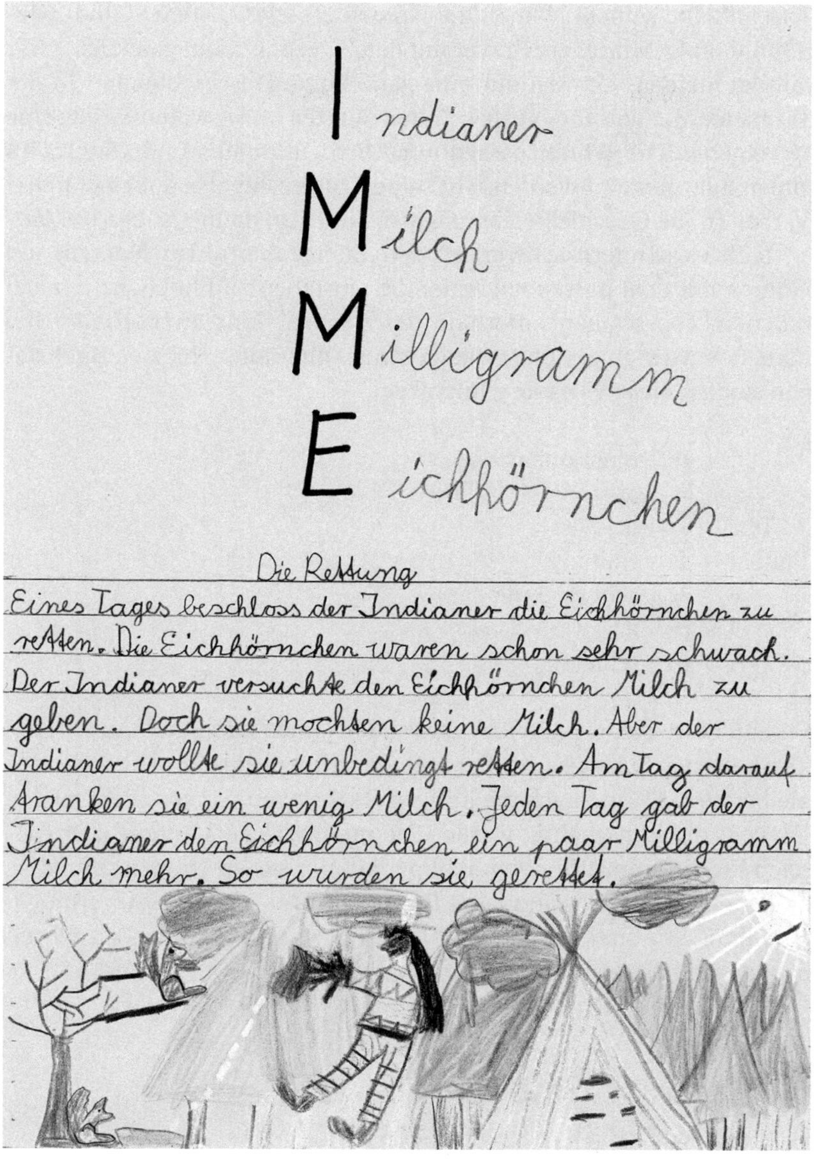

Namensgeschichte von Imme (Klasse 3a)

Bei Kindern mit kurzen Namen kann für die Namensgeschichte ein Akrostichon mit Nomen und ein zweites mit Verben erstellt werden. Auch bei den Verben gilt, dass die Kinder nur Tätigkeiten aufschreiben, die sie gerne oder gar nicht gerne machen.

T	eddy	**T**	auchen
I	nliner	**I**	mpfen
M	onopoly	**M**	alen

Tim hatte zu seinem Namen die Nomen „Teddy“, „Inliner“ und „Monopoly“ aufgeschrieben. Er war mit dem Ergebnis nicht glücklich: „Mir fällt zu meinen Wörtern nur eine ganz kurze Geschichte ein.“ In der Tat bieten die von ihm ausgewählten Wörter wenig Potential für eine Geschichte. Die Wörter passen inhaltlich zusammen und könnten in einem Satz genannt werden. Mit seiner Zusatzaufgabe, auch noch drei Verben in die Geschichte einzubauen, kam Tim dann viel besser klar.

Fällt es Kindern schwer, zu den Buchstaben ihres Namens ein Nomen mit dem passenden Anfangsbuchstaben zu finden, ist es auch möglich, den Namen innerhalb des Akrostichons anzuordnen. Bei manchen Vornamen gibt es auch eine Anhäufung gleicher Buchstaben, sodass diese Variante sinnvoll ist.

	P	okémonkarten
	H	ase
Terr	**i**	er
Fußbal	**l**	training
F	**i**	schertechnik
O	**p**	a
A	**p**	felbaum

Philipp hatte Schwierigkeiten, passende Nomen zu finden. Außer „Pokémonkarten“ und „Hase“ fiel ihm zunächst nichts ein. Die zwei verbleibenden „P“ und auch die übrigen Buchstaben passten nicht zu den Dingen, die ihm wichtig waren. Die methodische Variante war hilfreich für die Nomenfindung. Philipp hat nun sieben Nomen gefunden, zu denen er einen emotionalen Bezug hat. Der „Apfelbaum“ ermöglichte ihm, eine spannende Geschichte über sein Baumhaus zu schreiben, da sich dieses im Apfelbaum befindet.

6.4 Reizwortgeschichten nach dem Zufälligkeitsprinzip

Die Auswahl der Reizwörter kann auch ohne emotionale Einbindung rein nach dem Zufälligkeitsprinzip erfolgen. Für fantasiereiche Kinder ist es sogar sehr ansprechend, plötzlich mit drei oder vier zusammenhanglosen Wörtern konfrontiert zu werden. Die Herstellung der Wortkarten und die Auslosung bzw. Zusammenstellung der Karten sollte jedoch mit Schülerbeteiligung und in spielerischer Form geschehen. Dabei gibt es zwar keine persönliche Verbindung zu den Wörtern, aber der Interessensbereich und die Gegenwartsbedeutung in Bezug auf die

Wörter sind gewährleistet. So ist die Herstellung der Wortkarten, die später in Fotodosen, Stoffsäckchen oder Blechdosen verteilt werden, als **Ideenfindung** zu verstehen.

Die Klasse wird in vier Gruppen aufgeteilt und bekommt Wortkarten in unterschiedlichen Farben. Gruppe 1 schreibt Konflikte oder Streitmöglichkeiten auf, Gruppe 2 Tiere, die man gerne mag, Gruppe 3 schreibt auf, was gerne gegessen wird und Gruppe 4 überlegt sich Handlungsorte. Zu jedem Auftrag sollten exemplarisch einige Wortkarten erstellt werden, damit die Vielfalt in der Gruppenarbeit auch gewährleistet ist.

- Konflikt/Streit: (auf rotes Papier)
  Geld verloren, Streit mit bestem Freund, Fenster kaputt, vergessene Hausaufgaben, Hose zerrissen, Streit mit Eltern, Schale heruntergeschmissen, Einkauf vergessen, Kerze nicht ausgeblasen, Zimmer nicht aufgeräumt, 5 in Mathe/Deutsch, Oma belogen, vom Hausmeister erwischt, Prügelei in der Pause, Schwester/Bruder geärgert, zu spät gekommen, Süßigkeiten gemopst
- Tiere: (auf blaues Papier)
  Terrier, Dackel, Schäferhund, Pudel, Beagel, Hirtenhund, Wachhund, Polizeihund, Lawinenhund, Hamster, Hase, Katze, Pferd, Pony, Ferkel, Hängebauchschwein, Kälbchen
- Lieblingsessen: (auf gelbes Papier)
  Spagetti, Nudeln, Lasagne, Hamburger, Chips, Schokoladeneis, Schokoriegel, Tomatensalat, Käsebrot, Quarkkuchen, Eierkuchen mit Apfelmus, Bratwurst, Schokoladenbananen, Fruchtgummi, Stockbrot, Käsespieße
- Handlungsorte: (auf grünes Papier)
  Garten, Spielplatz, Kaufhaus, Kinderzimmer, Schule, Pausenhof, Auto, Flugzeug, Zug, Scheune, Keller, Dachboden, Supermarkt, Garage, Restaurant, Wohnzimmer, Strand, Karussell, Luftmatratze, Riesenrutsche, Schwimmbad, Kino

Die Gruppen schreiben mindestens so viele Karten, wie Kinder in der Klasse sind. Bei den Tieren ist es ratsam, nur heimische Exemplare zu verwenden. Handlungsstränge könnten bei exotischen Tieren unter Umständen schwierig werden. Da das Thema „Hunde“ häufig im Sachunterricht behandelt wird, bietet sich hier eine Vielfalt von Hunderassen an. Hat eine Gruppe nicht genügend Ideen, so können Begriffe auch doppelt aufgeschrieben werden.

Anschließend legen die Gruppen ihre beschriebenen Karten in die Kreismitte. Um die Richtigschreibung der Wörter zu garantieren, können die Begriffe auch abgetippt und auf farbiges Papier kopiert werden. Nun wählt jedes Kind der Klasse vier Karten aus und legt sie ungelesen in eine Fotodose. Als Behälter eignen sich auch kleine Pappschachteln. Die Kinder stellen ihre Reizwörter also selbst zusammen. Diese Fotodosen kommen in einen Korb, aus dem sich jedes Kind später eine Dose auswählt und eine Geschichte schreibt. Für Kinder, die zu ihren Reizwörtern gar keine Ideen haben, ist es ratsam, noch einige Ersatzdosen in Reserve zu haben. Der Vorteil der Fotodosen besteht darin, dass die Auswahl getroffen ist und nicht verändert werden kann. Die Kinder nehmen ihre Dose mit an den Platz und lassen sich überraschen. Der Schreibprozess hat in diesem Fall auch immer eine Spur von Geheimnis, da kein anderer die Karten kennt und die Karten während des Schreibens auch wieder in die Fotodose zurückgelegt werden können. Lässt man die Kinder die Karten aus Säckchen, Dosen etc. ziehen, besteht die Gefahr des Tauschens und Mogelns. Kinder versuchen immer wieder die Karten zu lesen und im Vorfeld eine inhaltliche Stimmigkeit herzustellen, was sich bezogen auf das Prinzip der Irritation kontraproduktiv auswirkt.

Reizwörter aus der Box

Schreiben zu Sinneseindrücken

7

In den bisher aufgezeigten Schreibbeispielen nahm das Sehen eine besondere Stellung ein. Durch das genaue Betrachten von Gegenständen, Bilderbüchern oder Bildern sollten Vorstellungsbilder in den Köpfen der Kinder entstehen. Beim Erfinden von Geschichten ist jedoch nicht nur der visuelle Eingangskanal beteiligt. Es werden alle Sinne einbezogen, also auch das Hören, das Fühlen, das Schmecken und das Riechen. Unser Gehirn hat vielfältige Eindrücke zu allen Sinnen gespeichert. Diese Eindrücke werden wieder nach außen abgegeben, wenn sie durch bestimmte Reize aktiviert werden.

Viele Menschen haben z. B. ein wohlschmeckendes Gericht abgespeichert, das bei einem bestimmten Geruch so präsent ist, dass ihnen daraufhin das Wasser im Mund zusammenläuft. Bei bestimmten Gerüchen wird spontan ein Bezug zu einem bestimmten Ort oder auch zu einem Zustand hergestellt. So sind beispielsweise bestimmte Gerüche für das Auslösen bestimmter Emotionen verantwortlich. Ein spezieller Desinfektionsgeruch verbunden mit Bohrgeräuschen wird uns unweigerlich in eine Wartezimmersituation beim Zahnarzt versetzen. Die Macht des Geruchs ist so stark, dass es auch zu körperlichen Reaktionen kommen kann. Ein erhöhter Pulsschlag oder Schweißabsonderungen können die Folge sein. Unangenehme Gerüche können sogar Schutzreflexe wie Würgen auslösen.

Aber auch im positiven Sinne haben Gerüche eine sehr assoziative Wirkung. Bei dem Geruch von Zimt und Nelken tauchen bei vielen Menschen ganz persönliche Weihnachtsbilder im Kopf auf. Es gibt auch Sommergerüche. So werden bei dem Geruch von Sonnencreme ganze Assoziationsreihen zu dieser Jahreszeit geweckt. Eine Wörtersammlung dazu ergibt generell eine breite Palette an Ferienwörtern, die das Schwimmbad, den Strand, die Eisdiele und den Liegestuhl im Garten abdecken. Gerüche, die wir wahrnehmen, wecken also persönliche Erinnerungen an Orte, Personen oder Ereignisse.

Gerüche sind oftmals verbunden mit Ereignissen und als frühe Kindheitserinnerungen in unserem Gedächtnis verankert. Wir erinnern uns an sie, wenn wir den Geruch wahrnehmen. So hat beispielsweise eine Schule einen ganz eigenen Geruch. Ebenso verhält es sich mit dem Treppenhaus, durch das ich jeden Tag in den zweiten Stock gestiegen bin. Auch Personen haben bestimmte Gerüche. Jede Mutter, jeder Vater, jede Oma o. a. hat ihren bzw. seinen Geruch.

Ein Geruchssinn, der so stark mit Emotionen verbunden ist, kann natürlich auch zum Schreiben von Geschichten eingesetzt werden. Die Anregung der Sinne durch Gerüche soll in den folgenden Beispielen zur Öffnung der inneren Ausdruckfähigkeit genutzt werden.

Eng verbunden mit dem Geruchssinn ist der Hörsinn. Der Hörsinn ist der erste Sinn, der sich schon während der Schwangerschaft entwickelt. Bereits Babys können Geräusche im Mutterleib wahrnehmen. Auch über dieses Sinnesorgan wurden ganz bestimmte Situationen, Erlebnisse, Dinge oder auch Personen abgespeichert, die bei speziellen Geräuschkombinationen vor dem geistigen Auge erscheinen. Zu den frühesten Geräuscherinnerungen gehört bei vielen Kindern die Einschlafmelodie. Das Hören dieser Melodie löst eine Vielzahl an Assoziationen aus. Bestimmte Umweltgeräusche, z. B. das Anfahren eines Autos, das Schließen der Haustür, die Schritte des Vaters auf der Treppe, können noch nach Jahren genau beschrieben und mit bestimmten Erwartungshaltungen verbunden werden.

Diese Fähigkeit des bewussten Hörens, die schulisch betrachtet in den letzten Jahren vielfach in Vergessenheit geraten ist, sollte ebenfalls ganz gezielt zur Förderung des Schreibens eingesetzt werden. Das Hören der Lehrererzählung, die unter Umständen je nach Klasse und Länge der Geschichte medial begleitet werden kann, das Eintauchen in eine Fantasiereise oder auch das bewusste Hören eines Musikstücks regen die Kreativität der Kinder an. Ein solches Zuhören sollte in einer als angenehm empfundenen Situation geschehen. Vielleicht gibt es eine schön gestaltete Leseecke o. Ä., in der die Kinder sich in einen Zustand körperlicher und seelischer Entspannung versetzen können. Ein derartiger Grundzustand wird für das Entstehen und das Entfalten von Geschichten als Voraussetzung angesehen.

7.1 Weihnachtsgeschichten

Die Zeit des Weihnachtsfestes und besonders Heiligabend hat für viele Kinder und auch Erwachsene eine ganz besondere Bedeutung. Auf der Wichtigkeitsskala wird es bei vielen Kindern gleich hinter dem Geburtstag eingeordnet. Das Weihnachtsfest wird durch die Adventszeit vorbereitet und der Spannungsaufbau bezogen auf Heiligabend beginnt schon Wochen vorher. Es werden Wunschzettel geschrieben, es gibt Geheimnisse bei den Kindern und auch bei den Eltern. Schon Wochen vor dem 24. Dezember sind die Häuser und Städte geschmückt, permanent hört man Weihnachtslieder, sodass eine weihnachtliche Einstimmung immer präsent ist. Bei vielen Kindern gibt es natürlich auch eine stark ausgeprägte Neugier auf die Weihnachtsgeschenke. Trotzdem ist die Stimmung in der Vorweihnachtszeit mit keiner anderen Stimmung im Jahr zu vergleichen. Die Grundspannung, die von dieser Stimmung ausgeht, kann gut als Schreibanlass genutzt werden. Die irritierenden Momente manifestieren sich in abgeschlossenen Schränken oder Schubladen. Die Eltern flüstern oder zwinkern sich zu, sodass die innere Anspannung bis zum Heiligabend stetig steigt. Dieser Tag ist dann in vielen Familien wie kaum ein anderer ritualisiert. Es gibt beispielsweise ganz bestimmte Sachen zu essen, den obligatorischen Spaziergang vor der Bescherung, das Erklingen der Glocke, den Besuch der Kirche usw.

Die der Situation innewohnende Irritation verbunden mit der emotionalen Betroffenheit soll für die Geschichten zum 24. Dezember genutzt werden.

7.1.1 Mein 24. Dezember

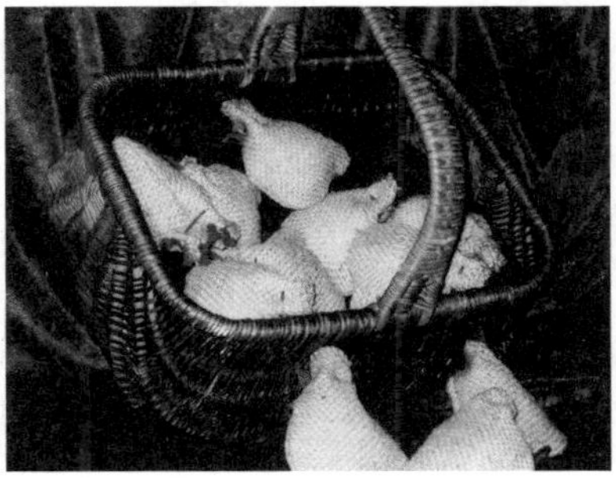

Durch eine bewusste Geruchswahrnehmung werden die Kinder emotional auf den Heiligabend eingestimmt. Dazu werden verschiedene Geruchssäckchen im Kreis herumgegeben. Die Kinder riechen an den Säckchen und geben sie dann weiter. Das bewusste Riechen kann noch intensiviert werden, wenn die Augen geschlossen sind. Gut geeignet sind hierfür Jutesäckchen, die auch für Adventskalender verwendet werden. Sie sind geruchsdurchlässig und lösen bei vielen Kindern durch ihr Aussehen eine assoziative Verbindung zum Sack des Weihnachtsmannes aus. Die Säckchen werden mit Watte und den riechenden Realien gefüllt oder die Watte wird mit entsprechenden Duftölen besprenkelt. Gut geeignet als Gewürze sind Anis, Ingwer, Kardamom, Koriander, Nelken und Zimt. Als getrocknete Früchte geben Orangenschalen und getrocknete Apfelringe einen eindeutigen erkennbaren Duft ab. Die Gerüche Bittermandel, Tannenduft oder auch Vanille lassen sich gut in Form von ätherischen Ölen auf Watte aufträufeln. Schülerkommentare wie: „Es duftet nach Weihnachten." oder „Plätzchenduft liegt in der Luft." machen deutlich, dass durch die Gerüche bestimmte Ereignisse, Orte oder auch Personen assoziiert werden. Nun werden die Kinder aufgefordert, sich den Duft herauszusuchen, den sie am meisten mit Heiligabend verbinden. Die Beiträge der Kinder werden stichwortartig notiert. Prinzipiell ist es im Rahmen der **Ideenfindung** auch möglich, den visuellen und den auditiven Sinn anzusprechen. Für nicht so fantasievolle Kinder kann das zusätzliche Einbeziehen dieser Sinne hilfreich sein.

HEILIGABEND		
	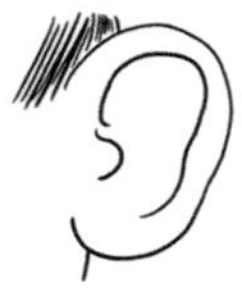	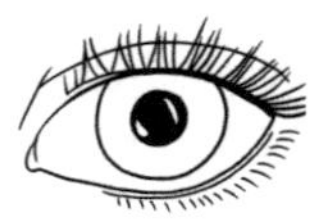
Plätzchen, Tannenbaum, heiße Schokolade, Zimtsterne, Gänsebraten, Weihrauch, Kerzen, Wunderkerzen, Schnee, Bratäpfel, Weihnachtsmarkt, gebrannte Mandeln, Glühwein, Orangen mit Nelken, Lebkuchen	Weihnachtslieder, Kirchenglocken, Türen abschließen, Orgelmusik, Trompeten, brennende Wunderkerzen, Papier raschelt, ganz viele Schritte im Haus, flüsternde Menschen, Lachen	Tannenbaum, Kugeln, Lichterketten, Weihnachtsbeleuchtung, Geschenke unter dem Baum, Kerzenschein, festlich gedeckter Tisch, Weihnachtsdekoration, Sack mit rotem Band, Weihnachtsmann, Kamin

Tafelbild

Oft erzählen die Schüler und Schülerinnen an dieser Stelle schon ganze Geschichten zu ihrem Heiligabend. Es ist immer wieder bemerkenswert zu erfahren, wie viele unterschiedliche Arten es gibt, diesen Tag zu begehen. Sehr wirkungsvoll in der **Planungsphase** ist auch die Frage nach einem ganz besonderen Heiligabend. Obwohl jeder 24. Dezember ein spannender Tag ist, gibt es doch in jeder Familie ganz besondere Erlebnisse bzw. Erinnerungen.

Es kann ein besonders schöner, besonders spannender oder auch besonders lustiger Heiligabend gewesen sein. Vielleicht gab es ein besonders großes Geschenk oder ein lang ersehnter Wunsch ging in Erfüllung. Aber es gibt auch viele „Negativerlebnisse“ von diesem Tag zu berichten. An dem Tag, an dem alles möglichst perfekt sein soll, passieren schon so manche Unfälle. Die Weihnachtsplätzchen, die völlig verkohlt aus dem Ofen kommen, der Stromausfall, der Tannenbaum, der umgefallen ist, Opa und Oma, die in einer Schneewehe festgefahren sind, der gebrochene Arm, der Schlüssel zum „Geschenkeschrank“, der verlegt ist, Papa, der das Geschenk für Mama nicht wiederfindet. All diese Geschichten sind, ausgelöst durch die Gerüche, plötzlich wieder so lebendig in den Köpfen, als wären sie gerade erst passiert.

Für Kinder, die nichts aus ihrem häuslichen Bereich berichten wollen, sollte hier eine Alternative angeboten werden. Eine Möglichkeit besteht darin, über den perfekten 24. Dezember nachzudenken. An dieser Stelle machte ein Kind den Vorschlag, die Bescherung doch auf den Vormittag zu verlegen. Die ganze Klasse war sich jedoch einig, dass der Weihnachtsmann erst kommen kann, wenn es schon dunkel ist. Also wurden andere Möglichkeiten überlegt, um die Zeit an diesem Tag zu überbrücken, die ja viel langsamer vergeht als an allen anderen Tagen des Jahres. Der perfekte 24. Dezember bietet auch den Kindern, die mit ihrer Situation nicht so glücklich sind, eine Chance, ihre Sorgen zu verbalisieren und dadurch vielleicht ein Stück weit zu bewältigen.

Hilfreich bei diesem Schreibbeispiel ist eine Stichwörtersammlung auf einer Stundenleiste (s. S. 153). Da es bei dem 24. Dezember letztlich um die Beschreibung eines Tages geht, wird den Kindern durch die Auflistung der einzelnen Stunden eine Struktur vorgegeben. Auch optisch wird deutlich, dass zwischen dem Aufwachen und der Bescherung eine große Zeitspanne liegt, die inhaltlich gefüllt werden muss. Um die Schülerinnen und Schüler noch stärker für ihren persönlichen Zeitablauf und für ihr persönliches Zeitempfinden zu sensibilisieren, kann die Tätigkeitsspalte mit unterschiedlichen Farben ausgefüllt werden. Beispielsweise könnten die Stichwörter in der spannendsten Zeit des Tages in rot geschrieben werden. Oder die Spalten, in denen die Zeit sehr langsam vergeht, werden in blau geschrieben. Schreiben die Kinder zu einem besonderen 24. Dezember, kann das Besondere auch auf der Zeitleiste farbig markiert werden, z. B. 15.00 Uhr: „Unser Hund rast durch das Wohnzimmer und schmeißt den Tannenbaum um."

Als Differenzierung ist eine Wörtersammlung möglich, die zum Ausfüllen der Stundenleiste hinzugezogen werden kann:

aufwachen, anziehen, duschen, waschen, frühstücken, Zähne putzen, einkaufen fahren, Mama beim … helfen, den Tannenbaum schmücken, Papa beim … helfen, Geschenke einpacken, malen, Tisch decken, zu Oma/Opa fahren, … besuchen, einen Spaziergang machen, umziehen, zur Kirche gehen, Mittagessen, Zimmer aufräumen, Kerzen anzünden, Geschenke auspacken

Zur **Präsentation** werden die Geschichten nach der Korrektur auf ein Schmuckblatt übertragen, das in Form eines Hauses gefaltet, entsprechend zugeschnitten, verziert und mit einer 24 versehen wird. Klebt man die Geschichten der gesamten Klasse auf ein Plakat, entsteht ein geöffneter Adventskalender. An jedem Schulmorgen kann eine Geschichte aus dem Adventskalender vorgelesen werden.

Eine weitere Möglichkeit, die Geschichten zum 24. Dezember zu präsentieren, bietet sich an den von vielen Klassen veranstalteten Adventsnachmittagen an. Diese Veranstaltungen, die häufig nicht ohne Stress für alle Beteiligten ablaufen, kann man durch das Einbeziehen der Kinder entkrampfen. Bei diesem Anlass haben die Kinder dann die Möglichkeit, ihre Geschichten vorzulesen. Das Vorlesen vor Erwachsenen bietet einen viel größeren Anreiz für Kinder, weil die Adressaten zuhören, die Atmosphäre motivationsfördernd ist und die Kinder sich durch das Einbringen einer eigenständigen Leistung aufgewertet fühlen. Die Notwendigkeit der Überarbeitung und des nochmaligen Abschreibens bekommt Sinn, denn die Kinder merken, dass man einen Text mit den Überarbeitungsanmerkungen nicht vorlesen kann. Für die Eltern wird Schule ein Stück weit transparent. Sie bekommen Einblicke in die Lese- und Schreibleistung ihres Kindes.

Geschichten zum 24. Dezember

Die Weihnachtsfrau kommt
Als ich am Morgen aufwachte war es 6.30 Uhr. Meine Eltern schliefen noch, meine Brüder spielten mit den Autos auf dem Teppich im Zimmer von Lasse. Ich spielte auch, aber in meinem Zimmer. Es war der 24. Dezember und es war still. Es war zwar nicht sehr still, aber ich fand es still.

Wir haben jedes Jahr vor dem Haus zwei Menschen aus Holz und Metall stehen. Sie haben in der Weihnachtszeit immer Weihnachtsmützen auf. Es ist jetzt genau 8.55 Uhr. Ich kann gar nicht mehr abwarten, bis es soweit ist. Plötzlich war es schon 9.30 Uhr. Ich wartete weiter und weiter. Die Zeit verging gar nicht schnell, sondern sehr langsam. Ich langweilte mich.

Dann kamen mir zwei Ideen in den Kopf. Die erste Idee war, mein Zimmer aufzuräumen. Die zweite Idee war, den Hasenstall auszumisten.

Juhu, es ist schon 11.00 Uhr. Endlich, endlich war es soweit. Ich hatte mein Zimmer aufgeräumt und ausgesaugt. Mein großer Bruder Enno hatte sein Zimmer aufgeräumt und auch ausgesaugt. Wir haben beide die Ställe für unsere Tiere ausgemistet.

Es war abends 17.30 Uhr. Wir sind gemeinsam in die Kirche. Plötzlich hörte man Schlittengeräusche. Man sah den Schlitten von dem Weihnachtsmann. Er kam genau auf das Haus zu. Dann bekamen wir zwei Säcke.

Aber es war gar nicht der Weihnachtsmann. Es war die Weihnachtsfrau. An einem Geschenk war ein Zettel. Darauf stand: Weihnachtsmann ist krank.

„Mein 24. Dezember“ von Christian (Klasse 4a)

7.1.2 Der Adventskrimi

Bei diesem Schreibbeispiel werden das Schmecken und das Riechen in Verbindung mit einer inszenierten Lehrererzählung zum Wecken von Vorstellungsbildern eingesetzt.

Zur **Ideenfindung** wird als stummer Impuls „Der Adventskrimi“ an die Tafel geschrieben. Die spontanen Schüleräußerungen ranken sich um kriminelle Handlungen in der Adventszeit. Die Antizipationen sollten unkommentiert bleiben. Lediglich bei „blutigen“ Erzählungen ist der Hinweis, dass es sich nicht um einen Mord handelt, angebracht. Die Beiträge der Schülerinnen und Schüler handeln meist von kleinen Diebstählen oder auch Einbrüchen, die oft mit dem Weihnachtsfest in

Verbindung stehen. Durch diesen stummen Impuls werden die Kognitionen der Kinder zunächst einmal in die Richtung „strafbare bzw. verbotene Handlung“ in der Adventszeit gerichtet.

Dann versammelt sich die Klasse in einem Sitzkreis. Ein Riechkissen mit Zimt wird herumgegeben. Sofort werden Verbindungen zum Tafelanschrieb gezogen, der die Denkrichtungen der Kinder nochmals einschränkt bzw. gezielt lenkt.

Während der dann folgenden inszenierten Lehrererzählung können Zimtsterne verteilt werden. Das Einbeziehen des Geschmackssinns kann das Entstehen von inneren Vorstellungsbildern noch verstärken. Bei der Lehrererzählung handelt es sich um eine freie Erzählung, die durch den Einsatz von Medien visuell unterstützt wird.

Lehrererzählung:
„Im letzten Jahr in der Adventszeit hatte Familie … (hier einen Namen einsetzen, der nicht in der Klasse vorkommt) ein großes Problem.

Familie …, das sind die Mutter, der Vater, die Kinder Marie und Tim und der Terrier Struppi. Die Familie wohnt in einem kleinen Haus am Rande einer Stadt (unter Umständen eine bekannte Stadt in der Nähe des Standortes nennen).

Die Mutter hatte in der Vorweihnachtszeit Kekse gebacken. Beide Kinder haben dabei geholfen. Sie haben Lebkuchenherzen, Pfeffernüsse, Halbmonde und Zimtsterne gebacken. Als alle Kekse ausgekühlt und verziert waren, haben die Kinder sie in Keksdosen gepackt. Die Mutter hat gesagt: ‚Packt von jeder Sorte Kekse in eine Dose, dann brauchen wir zum Kaffeetrinken immer nur eine Dose auf den Tisch stellen.‘ Das haben die Kinder auch gemacht. (An dieser Stelle eine Keksdose mit entsprechend gefüllten Keksen in die Mitte stellen.) Als alle Kekse eingepackt waren, hat die Mutter die sechs Dosen in das Regal im Nebenraum gestellt.

Am nächsten Morgen gab es eine große Überraschung. (Hier unter Umständen abbrechen, um die Kinder Vermutungen äußern zu lassen.) Eine Keksdose lag auf dem Boden. Der Deckel war abgefallen und alle Kekse waren auf dem Boden zerstreut. (Die Keksdose auf ein Tuch auskippen und den Deckel danebenlegen.) Sofort hat die Mutter nach ihren Kindern und nach ihrem Mann gerufen. Alle versicherten, dass sie die Kekse nicht gegessen und auch nicht heruntergeworfen hätten. Marie vermutete: ‚Vielleicht hat die Dose nicht richtig auf dem Regal gestanden und ist heruntergefallen.‘ So richtig überzeugt war die Familie zwar nicht von dieser Lösung. Aber da es keine andere Möglichkeit zu geben schien, wurden die zerbrochenen Kekse aufgefegt und der Fall war erst einmal erledigt.

Aber nicht für lange. (Hier unter Umständen Pause für Antizipationen lassen.) Am nächsten Morgen bot sich im Hause der Familie ... das gleiche Bild. Eine Keksdose lag wieder auf dem Boden und alle Kekse waren verstreut und zum größten Teil kaputt. Die Mutter war böse und rief sofort nach dem Vater und den Kindern. Alle waren verwundert. Der Vater sagte: ‚Das kann doch gar nicht sein, wir haben doch keinen Hausgeist.' Dabei schmunzelte er. Die Mutter meinte: ‚So kann das nicht weitergehen. Zwei Dosen haben wir schon weggeschmissen.'

Da fiel Marie etwas auf. (Hier evtl. wieder Pause für Schülervermutungen lassen) Sie sagte: ‚Schaut euch mal die Kekse auf dem Fußboden ganz genau an. Eine Sorte Kekse fehlt.' ‚Das stimmt', meinte Tim nachdenklich, ‚es liegen gar keine Zimtsterne auf dem Boden. Ich habe da eine Idee ...' "

Mit den folgenden Vermutungen bezüglich des Zimtsternediebs ist der Übergang von der Ideenfindung zur **Planungsphase** vollzogen. Die Vorstellungen über die möglichen Vorgänge konkretisieren sich. Als Diebe bieten sich vorrangig der Vater (das Schmunzeln hat ihn verdächtig gemacht) und der Terrier an. Da der Vater die Tat abstreitet und der Hund nicht sprechen kann, muss der Täter überführt werden. Es muss anhand von Spuren bewiesen werden, wer der Täter war. An dieser Stelle sollten die Vermutungen nicht weiter besprochen werden. Jeder Schüler und jede Schülerin versetzt sich in die Rolle des Detektivs, der mit seiner Spürnase (es geht ja schließlich um das Riechen!) den Täter entlarven wird.

Die Schüler und Schülerinnen, die eine Schreibidee haben, beginnen an dieser Stelle mit ihrem Adventskrimi. Kinder, die noch weitere Denkanstöße benötigen, bleiben im Sinne eines flexiblen Phasenwechsels noch im Kreis. Gemeinsam wird nun der Täterkreis bestimmt und Möglichkeiten zur Beweisführung werden überlegt. Dazu kann das Zimtsäckchen nochmals in den Mittelpunkt gebracht werden. Ob man den Dieb riechen kann? Als weitere Möglichkeit könnte eine Tüte Mehl als stummer Impuls in die Kreismitte gelegt werden. Falls dann immer noch keine Ideen da sein sollten, kann das Mehl ganz fein auf einem Tuch ausgestreut werden. Wichtig ist es in diesem Kleingruppengespräch, dass die Kinder selbstständig auf ihre Lösung kommen. Nur so kann ein Identifikationsprozess in Gang gesetzt werden, der den zu lösenden Fall zu ihrem eigenen Fall macht.

Auf dem thematisch gestalteten Arbeitsblatt (s. S. 154) ist die vorausgegangene Lehrererzählung kurz zusammengefasst. So wird sichergestellt, dass alle Kinder mit ihrer eigenen Geschichte beginnen und nicht zuerst eine Nacherzählung schreiben. Der erste Satz, den die

Kinder selbst schreiben, ist inhaltlich vorgegeben: „Da fällt ihm auf, dass nur die Zimtsterne fehlen." Die Kinder werden so keine Schwierigkeiten haben, mit der Geschichte zu beginnen und die Hemmung vor einem leeren Blatt kann gar nicht erst aufgebaut werden.

Eine **Überarbeitung** der Krimis in Gruppen würde die Spannung vor dem Vorlesen schmälern. Jedes Kind möchte schließlich bei der Präsentation seinen Täter präsentieren. Aus diesem Grund bietet sich eine Reflektionshilfe (s. S. 120 und 155) an, die jeden Schüler und jede Schülerin selbst zur Überarbeitung anleitet oder auch als Grundlage für die gemeinsame Überarbeitung mit der Lehrkraft dienen kann.

Als **Präsentation** bietet sich für diese Geschichten ebenfalls ein Elternnachmittag an. Vielleicht gibt es ja zum Kaffee die geretteten Zimtsterne, die die Klasse gemeinsam gebacken hat?

Alternativ kann der Adventskrimi auch in eine fremde Kultur verlegt werden. Schon lange sind beispielsweise die Türkei oder Ägypten keine exotischen Reiseländer mehr. Viele Kinder werden in diesen oder anderen noch weiter entfernten Ländern vielleicht schon einmal einen Urlaub verbracht haben. Sie haben dort fremde Kulturen kennengelernt, haben gesehen, dass Menschen in anderen Ländern sich anders kleiden und auch nicht unbedingt die Gerichte essen, die wir aus den in Deutschland ansässigen Lokalen kennen. Unter Umständen haben sie auch schon einmal einen Basar oder einen Markt in diesem Land besucht und werden sich an die fremden Geräusche, Gerüche und auch Geschmacksrichtungen noch gut erinnern. In Zeiten der wachsenden Mobilität kann das Thematisieren fremder Kulturen zu mehr Verständnis und Toleranz gegenüber Ausländerinnen und Ausländern führen. Als Schreibanlass hat eine fremde Kultur, die den Kindern außerdem aus den Medien bekannt sein dürfte, einen besonderen Anreiz. Der Reiz besteht in der Faszination, die vom Fremden ausgeht. Ein Bummel über einen türkischen Basar, auch wenn er nur in der Fantasie abläuft, ist mit einem Einkauf in einer Supermarktkette nun einmal nicht zu vergleichen.

Wählt man als Inszenierungstechnik nach einer sinnlichen Vorbereitung die Fantasiereise, so werden die inneren Vorstellungsbilder vom „normalen Einkauf" sicherlich irritiert, sodass ganz neue Gedanken ermöglicht werden. Die Fantasiereise könnte nach einer angemessenen Vorbereitung, Entspannung und Reisebeschreibung auf einem Teppich, einer Wolke o. Ä. beispielsweise in einer orientalischen Stadt auf einem Basar beginnen.

Zunächst erfolgt eine Beschreibung des Treibens auf diesem Basar (Kleidung der Menschen, angebotene Waren, Gerüche, Musik, Geräusche), damit sich die Kinder in die fremde Welt einfühlen können:

„Du entdeckst zwischen den Markständen ein kleines Kind. Du kannst nicht erkennen, ob es ein Junge oder ein Mädchen ist, denn die Kapuze ist tief in das Gesicht gezogen. Plötzlich schnappt sich das Kind vom Stand des Gewürzhändlers einen Beutel und rennt damit fort. Der Gewürzhändler schreit und nimmt die Verfolgung auf, aber das Kind ist klein und schnell und kann in der Menschenmenge entkommen. Du folgst dem Kind und hast einen eigenartigen Geruch in der Nase. Dann siehst du die braune Spur. Der Beutel muss undicht gewesen sein. Du riechst an dem braunen Pulver. Es ist Zimt. Du folgst der braunen Spur." (Hier eine längere Pause machen.)

Nach der Pause treten die Kinder die Rückreise an und werden zurück ins Klassenzimmer geholt.

Je nach Leistungsstand und Kreativität der Klasse kann nun ein Klassengespräch folgen oder die Kinder beginnen mit ihrer Geschichte. In einem Unterrichtsgespräch werden die Ideen der Schülerinnen und Schüler gesammelt und visualisiert. Dazu muss die Lehrkraft entsprechende Impulse antizipieren. Ein Fragenkomplex kann sich um die Person des Zimtdiebs ranken: „Ist es ein Junge oder ein Mädchen?", „Wie alt ist das Kind?", „Wo wohnt das Kind?" „Aus was für einer Familie kommt das Kind?", „Hat es Geschwister?" Eine weitere zu klärende Frage ist das Motiv: „Warum hat das Kind den Beutel gestohlen?" Bei der Beantwortung dieser Frage sind die Kinder in der Regel äußerst kreativ. Die gefundenen Möglichkeiten sind jedoch zum größten Teil inhaltlich so gestaltet, dass der Zimtdieb dabei positiv abschneidet: „Es handelt sich um eine Wette.", „Das Kind ist ganz arm. Es sollte Zimt kaufen, hat aber das Geld verloren.", „Der Gewürzhändler hat seine Mutter beim letzten Einkauf betrogen.", „Das Kind wurde bestohlen.", „Das Kind wollte seiner Mutter eine Freude machen."

Bei dieser Alternative sollten die Kinder in der Fantasiereise persönlich angesprochen werden: „Du siehst …" Die Kinder fühlen sich so direkt in das Geschehen hineinversetzt und sind emotional betroffen. Ein kleines Kind würde normalerweise keinen Beutel mit Zimt stehlen. Die Schüler und Schülerinnen sind bemüht, dem Zimtdieb durch ihre Lösungsmöglichkeiten zu helfen.

7.2 Wassererlebnisse

Kaum ein Element bietet so viele auditive Varianten wie das Element Wasser. Täglich nehmen Kinder in ihrer akustischen Umwelt eine Vielzahl von Wassergeräuschen zumeist unbewusst wahr. Der Wasserstrahl aus dem Wasserhahn, der tropfende Wasserhahn, Wasser wird in ein Glas gegossen, Zähne putzen, Toilettenspülung, Waschmaschine, Geschirrspüler, Regen, der an die Fensterscheibe trommelt, der Bach, der dahinplätschert, die Dusche – Das sind nur einige Beispiele von täglichen Wassergeräuschen.

Die auditive Wahrnehmung ist die Fähigkeit, Geräusche zu unterscheiden und sich ihre Ursachen vorzustellen. Mit dieser Vorstellung werden dann Erfahrungen und Gefühle verknüpft. Die Gefühle nehmen beim Element Wasser ein breites Spektrum ein. Sie reichen von angenehmen Empfindungen, z. B. bei einem kühlen Bad im Meer oder beim Genuss eines kalten Mineralwassers, bis hin zu beklemmenden, angstvollen Gefühlen. Es gibt wahrscheinlich kein Kind, das sich nicht an angsterfüllte Situationen während eines starken Gewitters erinnern kann. Hier werden die bedrohlichen Regengeräusche noch von dem Grollen des Donners unterstützt und intensivieren so die Gefühle.

Durch das Hören von Geräuschen oder auch von Musik werden nicht nur Gefühle wachgerufen, sondern es werden auch Bilder und Situationen assoziiert. Auf diese Art werden Gedanken in Gang gesetzt, die für das Schreiben genutzt werden sollen.

Vorbereitend auf das Thema „Wasser“ kann mit kleinen Hörübungen begonnen werden. Die Kinder werden so dafür sensibilisiert, dass beim Ausschalten des visuellen Sinnes Geräusche viel differenzierter wahrgenommen werden. Die Hörübungen können darin bestehen, dass die Kinder für zwei bis drei Minuten die Augen schließen und anschließend alles notieren, was sie gehört haben. Die Vielfalt der gehörten und identifizierten Geräusche ist immer wieder erstaunlich. Interessant ist auch, dass die Schüler und Schülerinnen sich über gehörte Geräusche unterhalten, indem sie diese beschreiben. Ein sehr differenzierter Sprachgebrauch, der Vergleiche und Bilder beinhaltet, ist hier die Voraussetzung für eine gelungene Kommunikation. Diese Hörübung kann an unterschiedlichen Orten wiederholt werden, z. B. im Klassenraum, auf dem Schulhof, auf dem Flur, auf dem Spielplatz usw.

Die akustische Wahrnehmung wird anschließend auf Wassergeräusche eingeschränkt. Der Klasse werden unterschiedliche Klangbeispiele vorgespielt, die alle mit Wasser zu tun haben (z. B. mithilfe der CD: Wassergeräusche vom elk Verlag). Die Klangbeispiele stammen aus dem Alltagsbereich der Kinder und werden in der Regel problemlos identifiziert. Die Schülerinnen und Schüler können die im Hörbeispiel dargestellten Situationen beim zweiten Hören aufschreiben und dann im Klassenverband vergleichen. Alternativ könnten den Klangbeispielen auch Bildkarten zugeordnet werden (z. B. die zur o. g. CD passende Bildersammlung) Bei jüngeren Kindern ist eine Zuordnung zu Bildern sinnvoll, da die Schreibfertigkeiten oft noch nicht so perfektioniert sind und deshalb das Schreiben vom Hören ablenken würde.

Die Schüler und Schülerinnen haben durch die Hörbeispiele eine erste Sammlung von Wassergeräuschen.

Im Rahmen der **Ideenfindung** soll nun die Sammlung der Wasserwörter ausgeweitet werden. Dazu bietet es sich an, in Gruppen ein Wasser-ABC erstellen zu lassen. Die einzelnen Gruppen erhalten ein Arbeitsblatt mit dem ABC (s. S. 156f.) und schreiben dann hinter jeden Buchstaben Wörter, die eine Verbindung zum Thema „Wasser" haben. Die Ergebnisse der einzelnen Gruppen werden auf einem gemeinsamen Plakat zusammengetragen. Von den Kindern werden nicht nur Wörter, sondern häufig auch die mit den Wörtern in Verbindung stehenden Erlebnisse genannt. So berichtete ein Mädchen, dass ihre Schwester im Urlaub eine Seerose fotografieren wollte und zu nah an den Teich gegangen ist. Dabei ist sie ausgerutscht und in den Teich gefallen. Der war ganz flach, aber sehr modderig. Das große Problem war nun der Rücktransport der völlig verdreckten und auch nicht so gut riechenden Schwester ins Hotel. Andere Kinder erzählten von vollgelaufenen Kellern nach starken Regenfällen, Feuerwehreinsätzen, um umgeknickte Bäume zu beseitigen oder auch von schönen Ereignissen am Strand. Die „Negativerlebnisse" oder die Ereignisse, die eine Überraschung beinhalten, werden von den Zuhörerinnen und Zuhörern meist stärker beachtet als „schöne Erlebnisse". Auch hier zeigt es sich, dass sich Geschichten, in denen normale Abläufe irritiert sind, für das Erzählen und für das Schreiben besonders gut eignen.

Das Wasser-ABC

A	Abfluss, Abwasser, abkochen, ableiten, Aquarium
B	Bach, Baggersee, Brunnen, baden, Bakterien
C	Chlor
D	Dampf, Druck, Deckel, Durchlauferhitzer, Donau
E	Eis, Eisberge, Ebbe, Elbe, entkalken, enthärten

F	Filter, Fluss, Felsquelle, Frosch, Fisch, fischen, Flut, Feuerqualle
G	Grundwasser, Gezeiten, garen
H	Hochwasser, Härte
I	Insel
J	Jolle, Jacht
K	Kalk, Kanalisation, Kühlung, Kanal, kochen
L	Leitungen, löschen, Limonade
M	Meer, Meerwasser, Mineralwasser, mischen, Muschel
N	Nordsee, Nordpol, Nebel, Niederschlag
O	Oberfläche, Ostsee, Ozean
P	Pfütze, Pumpe, planschen, Planschbecken
Q	Qualle, Quelle, Quellwasser
R	Regenwasser, Regentropfen, Rohr, Rohrbruch, Rutsche
S	Salzwasser, Süßwasser, Sturmflut, Siedepunkt, Schmelzwasser, schmecken, Speichel, Stausee, segeln, Seerose, Schlittschuhe, Ski, Snowboard, schwimmen
T	Talsperre, Taufbecken, Tümpel, Tasse, Trinkwasser, Toilette, tauchen, Taucheranzug
U	U-Boot, Unterwassermuseum, Überschwemmung, überkochen
V	verdunsten, Verschmutzung
W	Wasserfall, Wasserleitung, Wasserverbrauch, Wasserkreislauf, Wasserflasche, Wasservorrat, Wüste
X	
Y	
Z	Zufluss, Zisterne, zufrieren, Zweimaster

Beispiel

In der Folgestunde soll ein Wassererlebnis aufgeschrieben werden. Dafür wird zunächst als Einstimmung ein Musikstück mit dem Thema „Wasser“ vorgespielt. Die Auswahl des Musikstückes beeinflusst die Geschichten der Kinder thematisch.

Entscheidet die Lehrkraft sich für „Die Moldau“ von Smetana und wählt den Nymphenreigen im Mondschein, so werden durch die Streicher- und die Harfenklänge zwangsläufig positive, schöne, stimmungsvolle Assoziationen hervorgerufen. Wird die Sinfonie Nr. 6 F-Dur (Pastorale), 4. Satz „Gewitter, Sturm“ von Ludwig von Beethoven ausgewählt, passen sich die Inhalte der Geschichten thematisch zwangsläufig an die Musik an.

Beachtet man das Prinzip der Irritation ist das zweite Hörbeispiel zu favorisieren.

In beiden Fällen werden durch die Musik Gefühle und Erinnerungen hervorgerufen. Der Hörer ist berührt durch die Musik und kann seiner Fantasie freien Lauf lassen. Der 4. Satz von Beethovens Sinfonie Nr. 6 hat häufig „Angstgeschichten“ zum Thema „Gewitter“ zur Folge. Das Aufschreiben dieser Geschichten hat auch eine entlastende Funktion, da durch das genaue Beschreiben der Gefühle die Angst auch ein Stück weit bewältigt wird. Außerdem ist es für Kinder hilfreich zu erfahren, dass ihre Klassenkameraden ebenfalls Probleme mit einer Gewittersituation haben.

Für welches Musikstück die Entscheidung auch fällt, in jedem Fall sollte es mehrmals vorgespielt werden, damit sich das Klangerlebnis auch verfestigen kann. Im Anschluss an das Hören sollte ein Gespräch über die dadurch ausgelösten Empfindungen erfolgen. Diese mündliche Erzählphase strukturiert die Gedanken der Kinder und gibt denen Anregungen, die noch keine konkrete Schreibidee haben.

In einer **Planungsphase** kann vorbereitend auf das Schreiben einer „Gewittergeschichte“ ein strukturierendes Arbeitsblatt (s. S. 158f.) eingesetzt werden, auf dem die Kinder ihre Gedanken stichwortartig aufschreiben. Dieses Arbeitsblatt bietet ihnen beim Schreiben der Geschichte eine Hilfe im Sinne eines roten Fadens. Für die Kinder, die ihre Geschichte schon deutlich vor Augen haben, stellt dieses Arbeitsblatt allerdings eine unnötige Verzögerung dar. Sie sollten sofort mit dem Aufschreiben ihrer Geschichte beginnen.

Bei einer Entscheidung für „Die Moldau“ als musikalischen Impuls kann ebenfalls ein ähnlich gestaltetes Arbeitsblatt zur Vorbereitung der Geschichten eingesetzt werden.

Die intensive Vorbereitung der Kinder auf das Thema „Wasser“ kann auch für das Schreiben von Gedichten zu Wettererscheinungen genutzt werden (s. S. 16ff.). Ein Gedicht zum Thema „Ich bin das Gewitter“ bietet sich an.

Das zur Planung eingesetzte Arbeitsblatt kann in abgewandelter Form zur **Überarbeitung** hinzugezogen werden (s. S. 160). Die in der linken Spalte formulierten Fragen beziehen sich auf den Inhalt der Geschichte, der in der Überarbeitung immer an erster Stelle betrachtet werden sollte. Nach dem Vorlesen der Geschichte kann die überarbeitende Gruppe in der rechten Spalte ankreuzen, ob das Autorenkind in der Geschichte auch etwas zu den Fragen und Anregungen geschrieben hat. Kann eine Spalte nicht angekreuzt werden, muss die Gruppe überlegen, ob diesbezüglich Ausführungen hinzugefügt werden müssen.

Für die **Präsentation** der Wassererlebnisse bietet sich ein fächerübergreifendes Projekt mit dem Kunstunterricht an. Für die Gewittergeschichten könnte beispielsweise in Gruppen ein Gewitterhimmel auf einem großen Plakat gemalt werden, unter dem die entsprechenden Kinder dann ihre Geschichten ausstellen. Wurde „Die Moldau“ als Hörbeispiel gewählt, bietet sich eine Strand-, Seen- oder Flusslandschaft an.

Kopiervorlage 18: Stundenleiste für „Mein 24. Dezember"

Mein 24. Dezember

Uhrzeit	Tätigkeit
vor 7.00 Uhr	
7.00 Uhr	
8.00 Uhr	
9.00 Uhr	
10.00 Uhr	
11.00 Uhr	
12.00 Uhr	
13.00 Uhr	
14.00 Uhr	
15.00 Uhr	
16.00 Uhr	
17.00 Uhr	
18.00 Uhr	
19.00 Uhr	
20.00 Uhr	
21.00 Uhr	
nach 21.00 Uhr	

Bei Familie ____________ liegt zum zweiten Mal eine Keksdose auf dem Boden. Tim schaut sich die zerbrochenen Kekse genau an. Da fällt ihm auf, dass nur die Zimtsterne fehlen.

Kopiervorlage 20: Bogen zur Geschichtenbewertung (6)

Bewertung des Adventskrimis

von: ______________________________

	ganz leicht	mittel-schwer	noch schwer
Ich habe einen Dieb gefunden.			
Ich habe eine Spur verfolgt, die mich zum Dieb geführt hat.			
Ich habe genau erzählt, wie ich den Täter überführt habe.			
Ich habe eine Überschrift gefunden.			
Ich habe eine spannende Geschichte geschrieben.			
Ich habe erzählt, was mit dem Dieb passiert ist.			
Ich habe erzählt, wie der Rest der Familie reagiert hat.			
Ich habe an spannenden Stellen auch Adjektive gebraucht.			
Ich habe in meiner Geschichte wörtliche Rede gebraucht.			
Ich habe unterschiedliche Satzanfänge gebraucht.			
Hier hätte ich gerne noch Hilfe:			

Das Wasser-ABC (1)

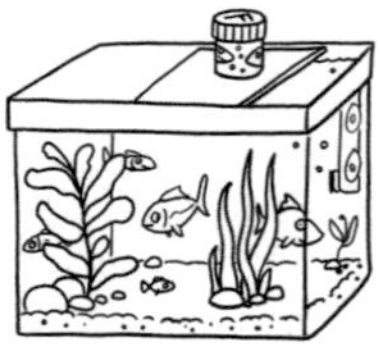

A	
B	
C	
D	
E	
F	
G	
H	
I	
J	
K	
L	
M	

Kopiervorlage 21b: Wasser-ABC (2)

Das Wasser-ABC (2)

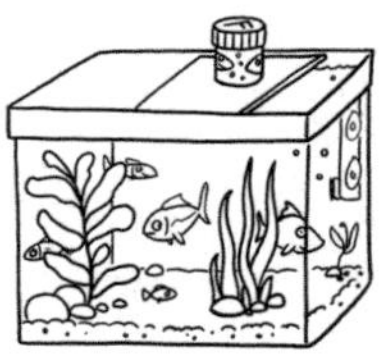

N	
O	
P	
Q	
R	
S	
T	
U	
V	
W	
X	
Y	
Z	

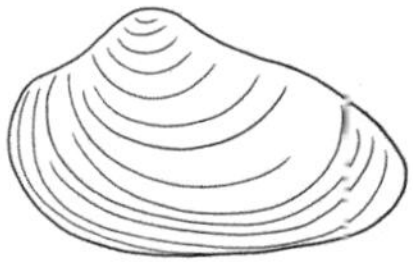

Gewittergeschichten (1)

Wann ereignete sich das Gewitter?	
Wo ereignete sich das Gewitter?	
Wo warst du?	
Wie spät war es?	
Warst du allein?	
Wer war bei dir?	
Wann hast du den ersten Donner gehört?	
Wie sah der Himmel aus?	
Gab es Sturm?	
Wann setzte der Regen ein?	

Gewittergeschichten (2)

Beschreibe genau, wie das Gewitter näher-kommt.	
Das Gewitter ist da. Was passiert genau?	
Wie hast du dich gefühlt?	
Was hast du gemacht?	
Wie hat sich der lau-teste Donner angehört?	
Das Gewitter ist vorbei. Wir fühlst du dich? Was machst du?	
Denke an die Über-schrift!	

Bewertung der Geschichte

von: ______________________________

Wann ereignete sich deine Geschichte?	
Wo ereignete sich deine Geschichte	
Wo warst du?	
Wie spät war es?	
Warst du allein?	
Wer war bei dir?	
Was hast du gemacht?	
Was passierte? Beschreibe genau.	
Wie hast du dich gefühlt?	
Wie haben die anderen reagiert?	
Wie endet die Geschichte?	
Denke an die Überschrift!	

Praktische Tipps beim Schreiben

8

Trotz vielfältiger Veränderungen in der Schreibdidaktik bleibt der reine Schreibprozess doch ein eigenaktiver Prozess. Zwar werden Ideen gemeinsam gesammelt und es werden Handlungsstränge angebahnt, aber die Geschichte schreibt jedes Kind in der Regel dann doch allein. Für diesen ganz konkreten Schreibprozess gibt es nützliche Hilfsmittel. Denn Schreiben ist auch ein Handwerk, das erlernt werden kann.

8.1 Sätze strukturieren

Kinder in der ersten und zweiten Klasse schreiben ihre Gedanken häufig ohne Satzzeichen hintereinander auf. Sie haben noch kein Gefühl für das, was einen Satz ausmacht. Sie müssen erst lernen, dass ein Satz auch eine Aussage hat.

Dafür ist es hilfreich, wenn die Schülerinnen und Schüler in einer ersten Überarbeitung die Satzschlusszeichen farbig markieren. In einem zweiten Schritt können auch die Satzanfänge, die ja großgeschrieben werden müssen, durch eine bestimmte Farbe hervorgehoben werden. Das Markieren der Satzschlusszeichen ist manchmal schwierig, denn diese müssen ja erst durch die Kinder gesetzt werden.

Die Schülerinnen und Schüler werden durch diese Aufgaben gezwungen, ihre Geschichte noch einmal zu lesen und entwickeln auf diese Weise ganz langsam ein Gefühl dafür, was ein Satz ist.

Für manche Schülerinnen und Schüler ist es auch hilfreich, jeden Satz in einer neuen Zeile zu beginnen. Die neue Zeile ist dann auch optisch ein Zeichen dafür, dass ein neuer Satz beginnt. Dieser Satz muss, auch wenn er einzeln gelesen wird, einen Sinn ergeben.

8.2 Satzanfänge

Ein weiteres großes Problem beim Schreiben sind die Satzanfänge. Viele Kinder beginnen ihre Sätze mit „Und dann …“ Häufig gibt es in Geschichten nur diesen einen Satzanfang. Grundsätzlich ist das „Und dann …“ ein Zeichen dafür, dass das Kind seine Geschichte in einer zeitlichen Abfolge erzählt. Da es die Geschichte in der Regel nicht noch einmal durchliest, fällt ihm die Wortwiederholung auch nicht auf.

Auf diesen stilistischen Schönheitsfehler müssen die Kinder aufmerksam gemacht werden. Hierfür ist es wirksam, die Geschichte mit den immer gleichen Satzanfängen vorzulesen und die Schülerinnen und Schüler zu bitten, Verbesserungsvorschläge zu machen.

Beim Vorlesen von Schülergeschichten sollte sehr sensibel vorgegangen werden. Das Kind darf auf keinen Fall bloßgestellt werden. Das Vorlesen der Geschichte setzt das vorherige Einverständnis des Schülers bzw. der Schülerin unbedingt voraus. Nach dem Vorlesen sollte die Geschichte zunächst positiv gewürdigt werden. Erst danach werden Tipps gegeben, die die Geschichte noch verbessern. Handelt es sich um den immer wiederkehrenden Satzanfang, werden die Alternativen von der Klasse recht schnell genannt werden. Diese Satzanfänge sollten dann gesammelt und im Laufe der Zeit vervollständigt werden. Immer wenn einem Kind noch ein Satzanfang einfällt, dann wird dieser zu der Liste dazugeschrieben.

Diese unterschiedlichen Satzanfänge sind als Handwerkszeug aber nur sinnvoll, wenn sie den Kindern beim Schreiben präsent, praktisch vor Augen sind. Die Satzanfänge sollten dazu auf Karten aus Tonpapier geschrieben, auf einem Geschenkband befestigt und für alle Kinder gut sichtbar in der Klasse aufgehängt werden. Für die Überarbeitungsgruppen, die ja nicht zwangsläufig im Klassenraum tagen, können die Satzanfänge noch mal abgetippt, kopiert und den Kindern als Überarbeitungshilfe zur Verfügung gestellt werden (s. S. 166).

Satzanfänge

8.3 Wortfelder: „sagen" und „gehen"

„Sagen“ und „gehen“ sind die in Geschichten am häufigsten verwendeten Verben. Die Kinder sind während des Schreibens jedoch so dem Inhalt verhaftet, dass sie an stilistische Dinge einfach nicht denken. Gibt man ihnen den Auftrag, in der von ihnen verfassten Geschichte mindestens zweimal „sagen“ bzw. „gehen“ durch ein anderes Verb zu ersetzen, wirkt sich diese Veränderung positiv auf die Geschichte aus.

Für die Überarbeitung ist es jedoch nötig, dass den Kindern eine Auswahl von Verben angeboten wird. Dazu werden über mehrere Wochen Verben zu den Wortfeldern „sagen“ und „gehen“ gesammelt. Diese Verben werden abgetippt (s. S. 167 f.), können auseinandergeschnitten werden und stehen den Kindern dann zur Verfügung. In dem Moment, in dem die Verben z. B. aus einer Box oder Schachtel ausgepackt und gelesen werden, ist den Kindern oft spontan klar, welches Wort an welcher Stelle besser passt. Die Kinder müssen die Verben vor Augen haben, um sie wirkungsvoll einsetzen zu können.

8.4 Adjektive

Der Gebrauch von Adjektiven reduziert sich bei vielen Schülerinnen und Schülern häufig auf „cool“ und „geil“. Die bewusste Verwendung von Adjektiven hat jedoch positive Auswirkungen auf den mündlichen und den schriftlichen Sprachgebrauch. Der Wortschatz der Kinder wird erweitert und verfeinert und es wird der Grundstock für eine angemessene, differenzierte Ausdrucksweise gelegt. Die enge Verknüpfung zum Kompetenzbereich „Sprechen und Zuhören“ ist hier erkennbar.

Adjektivboxen

Adjektive mit positiver und negativer Bedeutung (s. S. 169f.) sollten den Kindern, ähnlich wie auch die oben beschriebenen Schachteln mit möglichen Satzanfängen, in Form von „Adjektivboxen“ zur Verfügung stehen. Für die Überarbeitung von Geschichten kann es zu einer immer wiederkehrenden Aufgabe gemacht werden, zwei positive und zwei negative Adjektive in den Text einzufügen. Dafür können unter den Text an den entsprechenden Stellen Klebepunkte geklebt werden. Die Überarbeitungsgruppe schreibt in Absprache mit dem Schreiber bzw. der Schreiberin Adjektive auf, die im markierten Text dann eingesetzt werden können. Das Hinzufügen von vier Adjektiven hat bei jeder Geschichte positive Auswirkungen bezogen auf den Stil.

Um die Kinder für Adjektive, das heißt, letztlich auch für Sprache zu sensibilisieren, ist das Spiel „Stimmungssatz“ gut geeignet. Durch dieses Spiel wird ihnen die Vielfalt der Sprache nicht nur auditiv, sondern auch visuell durch den Einsatz von Gestik und Mimik nahegebracht.

Die Kinder ziehen eine Wortkarte, auf der eine bestimmte Stimmung durch ein Adjektiv oder ein Adverb definiert ist (s. S. 171). Diese Karte darf dem Tischnachbarn bzw. der Tischnachbarin nicht gezeigt werden. Dann wird ein „Stimmungssatz“ von der Lehrkraft vorgesprochen. Dieser Satz soll nun genau in der Stimmung, die auf dem Kärtchen aufgeschrieben ist, nachgesprochen werden. Es darf dabei kein Wort hinzugefügt und auch kein Wort weggelassen werden. Die Mitschülerinnen und Mitschüler versuchen nun, die auf der gezogenen Karte beschriebene Stimmung zu erraten. Der vorgegebene Satz ist entweder negativ oder positiv. Bei einem positiven Satz haben die Kinder, die auch eine positive Stimmung gezogen haben, in der Regel nur wenig Schwierigkeiten mit der Darstellung. Die Kinder mit einer negativen Stimmungskarte werden dagegen oft Mühe haben, den positiven Satz zu sprechen. Den Satz: „Heute fällt die Schule aus.“ „todtraurig“ zu sprechen, bedarf schon einiger Anstrengung.

Das Nachsprechen der Sätze in der nicht passenden Stimmung ist sehr erheiternd. Es ist wirklich komisch, die negativen Sätze positiv zu sprechen und die positiven Sätze negativ zu sprechen.

Der Lernwert besteht darin, dass die Kinder erkennen, dass bestimmte Stimmungen auch ganz bestimmte inhaltliche Sätze erfordern. Sie erfahren, dass auch Abstufungen eines Adjektivs darstellbar sind. So muss ein Satz „glücklich“ anders gesprochen werden als „überglücklich“. Die Schülerinnen und Schüler erkennen auch, dass bestimmte Sätze inhaltlich gar nicht zu einer Stimmung passen. So stellte Dennis fest, dass man den Satz: „Meine Katze ist heute gestorben.“ nicht gemäß seiner Karte sprechen kann und das wohl auch nie tun würde. Dennis hatte die Karte „verliebt“ gezogen.

Beispielsätze:
„Ich habe eine 2 in der Mathearbeit geschrieben."
„Heute fällt die Schule aus."
„Ich habe nächste Woche Geburtstag."
„Morgen fahren wir ins Badeland."

„Meine Katze ist heute überfahren worden."
„Mir wird heute ein Zahn gezogen."
„Gestern ist mein Hase weggelaufen."
„Meine Schwester hat sich den Arm gebrochen."

8.5 Spannungssteigernde Ausdrücke

Hilfekasten

Die Idee, eine Sammlung mit spannungssteigernden Ausdrücken (s. S. 172f.) anzulegen, entstand in der Phase der Besprechung und Würdigung von Geschichten. Die Klasse hatte die Aufgabe, beim Vorlesen einer Abenteuergeschichte auf besonders passende Sätze zu achten. In der Geschichte war ein Mann mit seinem Boot in Seenot geraten und wurde auf unterschiedlichste Art gerettet. Als das zweite Mal festgestellt wurde, dass der Satz: „Das Herz schlug ihm bis zum Hals." sehr gut gelungen sei, haben wir angefangen, diese Ausdrücke auf einem Plakat zu sammeln. Dieses Plakat, das von den Kindern mit Blitzen für Hochspannung versehen wurde, blieb viele Monate im Klassenraum hängen und wurde immer weiter vervollständigt. Es wurde aber nicht nur komplettiert, sondern auch als ganz konkrete Hilfe beim Schreiben angenommen. Der Gebrauch von ein bis zwei spannungssteigernden Ausdrücken wirkt sich äußerst positiv auf die Gesamtgeschichte aus.

Satzanfänge

Plötzlich …	Gerade als …
Dann …	Kurz darauf …
Danach …	In diesem Moment …
Später …	Zur gleichen Zeit …
Auf einmal …	Nun …
Zum Schluss …	Morgen …
Schließlich …	Während …
Endlich …	In der Zwischenzeit …
Zuerst …	Als …
Nachdem …	Bevor …
Letzte Woche …	Gestern …
Vorgestern …	Gerade als …

Wortfeld „sagen“

ankündigen	abstreiten	andeuten
anreden	ansprechen	antworten
auffordern	ausdrücken	ausrichten
äußern	befehlen	behaupten
bekennen	belehren	berichten
beschließen	bemerken	bitten
brüllen	brummen	brummeln
diktieren	diskutieren	entgegnen
erklären	erwähnen	erzählen
erwidern	feststellen	flüstern
fragen	flehen	fluchen
heulen	informieren	jammern
johlen	klagen	kreischen
lallen	lamentieren	lispeln
meinen	mitteilen	nörgeln
predigen	plappern	reden
referieren	rufen	quasseln
quatschen	sagen	schreien
schwatzen	schimpfen	stammeln
stöhnen	seufzen	stottern
sich unterhalten	telefonieren	tratschen
vermuten	versprechen	vortragen
wiedergeben	widersprechen	zugeben
zischen	weitererzählen	zu Bedenken geben

Wortfeld „gehen"

bummeln	eilen	gleiten
hetzen	humpeln	hüpfen
huschen	jagen	laufen
kommen	kriechen	flitzen
klettern	krabbeln	marschieren
rasen	rennen	reisen
schleichen	schlendern	schlurfen
schreiten	schwanken	spazieren
springen	steigen	stolpern
stolzieren	straucheln	stürmen
sprinten	stapfen	stelzen
tänzeln	trippeln	trödeln
trotten	torkeln	trampeln
wandern	wanken	waten
wetzen	watscheln	sich begeben

Adjektive mit positiver Bedeutung

schön	nett	toll
sauber	schlank	fleißig
pünktlich	intelligent	attraktiv
wunderbar	schlau	stark
sauber	gut	gefühlvoll
gesund	aufmerksam	beherrscht
sanft	lieb	taktvoll
hilfsbereit	kameradschaftlich	spendabel
blumig	wunderbar	rücksichtsvoll
verantwortungsvoll	unaufdringlich	spannend
fit	modern	richtig
geschmackvoll	sanft	geschickt
fair	zuverlässig	gerecht
teamfähig	schick	gepflegt
höflich	erzogen	flexibel
gebildet	kompromissbereit	hilfsbereit
wichtig	ehrlich	aufrichtig
süß	super	freundlich
fies	unfair	fantastisch
gewaschen	rein	einfallsreich
aufmerksam	wunderschön	fantasievoll
geduldig	modisch	interessant
pünktlich	solide	grandios
verlässlich	menschlich	überwältigend
bunt	gewissenhaft	tüchtig

Adjektive mit negativer Bedeutung

schrecklich	furchtbar	grausam
verdorben	fett	faul
unpünktlich	dumm	hässlich
abscheulich	grässlich	schwach
unsauber	schlecht	gefühllos
verwirrt	wahnsinnig	unbeherrscht
gewalttätig	brutal	hemmungslos
angeberisch	blöd	geizig
heruntergekommen	stinkend	rücksichtslos
verantwortungslos	aufdringlich	widerlich
trottelig	spießig	falsch
geschmacklos	brutal	dämlich
geisteskrank	unzuverlässig	gemein
schmierig	verwahrlost	ungepflegt
unhöflich	unerzogen	träge
eingebildet	langweilig	öde
unwichtig	durchgeknallt	unaufrichtig
affig	hochnäsig	eingebildet
fies	unfair	heimtückisch
ungewaschen	mies	einfallslos
nervig	grässlich	fantasielos
ungeduldig	altmodisch	langweilig
verlogen	unehrlich	verräterisch
unverlässlich	unmenschlich	aufdringlich
ekelhaft	gewissenlos	peinlich

westermann®

Stimmungsadjektive

todtraurig	traurig
geheimnisvoll	klagend
zweifelnd	weinerlich
ängstlich	sehr gefährlich
fragend	sachlich
verliebt	nörgelnd
anklagend	fröhlich
gestresst	herrschsüchtig
lustig	unzufrieden
jauchzend	gelangweilt
rachsüchtig	belehrend
verletzt	einsam
lustig	verträumt
bevormundend	angeheitert
genervt	böse

Spannungssteigernde Ausdrücke (1)

... das Herz schlug ... bis zum Hals ...
... konnte vor Aufregung nicht mehr atmen ...
... zitterte am ganzen Körper ...
... mit weit aufgerissenen Augen ...
... das Gartentor quietschte im Wind ...
... hörte Schritte auf dem Weg ...
... die Schatten kamen immer näher ...
... meine Hände zitterten vor Aufregung ...
... wollte schreien, aber kein Laut ertönte ...
... ließ ihn/sie zappeln wie einen Fisch an der Angel ...
... hätte mich am liebsten unter der Bettdecke verkrochen ...
... zu Tode erschrocken ...
... konnte vor Aufregung nicht einschlafen ...
... hörte Geräusche auf dem Dachboden/im Keller ...
... wusste, dass er/sie nicht die Wahrheit sagte ...
... blickte mit den Augen von links nach rechts,
... der Knall hallte in der Dunkelheit ...

Spannungssteigernde Ausdrücke (2)

... wollte er/sie mich aufs Glatteis führen ...
Hier musste etwas faul sein!
... vor Schreck riss er/sie die Augen weit auf ...
... einen Kloß im Hals haben ...
... Beine waren wie gelähmt ...
... seine/ihre Augenlider zuckten ...
... er/sie wurde ganz rot vor Wut im Gesicht ...
... die Haare standen ihm/ihr zu Berge ...
... meine Kehle war wie zugeschnürt ...
... das Blut schoss ihm/ihr in den Kopf ...
... er/sie wirbelte herum ...
... ein Hilfeschrei ertönte ...
... meine Stimme/Hände zitterten ...
... die Stimme kam immer näher ...
Was könnte ich nur machen?
Gab es noch eine Rettung?
Welche Entscheidung war jetzt die Richtige?

Literatur- und Materialverzeichnis

Beschlüsse der Kultusministerkonferenz. Bildungsstandards im Fach Deutsch für den Primarbereich. Beschluss vom 15.10.2004. Köln: Luchterhand 2005.

Borchers, Elisabeth: Und oben schwimmt die Sonne davon. München: Heinrich Ellermann Verlag 1965.

De Beer, Hans: Kleiner Eisbär, wohin fährst du? Mönchaltorf, Hamburg: Nord-Süd Verlag 1987.

Der kleine Herr Jakob. Bilderbox mit 10 Kopiervorlagen. Braunschweig: Schubi Lernmedien GmbH 1999 (9. Aufl.).

Geisert, Arthur: OINK. New York: Houghton Mifflin Company 1991.

Haas, Gerhard: Handlungs- und produktionsorientierter Literaturunterricht: Theorie und Praxis eines ‚anderen Literaturunterrichts' für die Primar- und Sekundarstufe. Seelze, Velber: Erhard Friedrich Verlag 1997.

Lionni, Leo: Tillie und die Mauer. Weinheim, Basel: Beltz & Gelberg 2004 (Neuausgabe).

Moers, Edelgard: Die Lyrik-Kartei In: Praxis Grundschule H. 2/2007, S. 4ff.

Payrhuber, Franz-Josef: Gedichte im Unterricht, einmal anders. Praxisbericht mit vielen Anregungen für das 5. bis 10. Schuljahr. München: Oldenbourg 1999 (4. Aufl.).

Spinner, Kasper H.: Schreiben zu Bilderbüchern. Unterrichtsanregungen. In: Praxis Deutsch H. 113/1992, S. 17 ff.

Spinner, Kasper H.: Kreatives Schreiben. In: Praxis Deutsch (Sonderheft) 1996, S. 82f.

Spinner, Kasper H.: Umgang mit Lyrik in der Sekundarstufe I. Baltmannsweiler: Schneider Verlag Hohengehren 2005 (7. Aufl.).

Wasser. Geräusche- & Bildersammlung. Winterthur: elk Verlag 2003.

Wölfel, Ursula: Fliegender Stern. Stuttgart, Wien: K. Thienemanns Verlag 1993.

Quellennachweis

S. 16: Moser, Erwin: Ich bin der Wind. In: Von Wedel-Wolff, Annegret & Wespel, Manfred (Hrsg.): Mobile Lesebuch. Ausgabe Nord. Braunschweig: Westermann 1997, S. 36.

S. 27: Nöstlinger, Christine: Frühling. In: Menzel, Wolfgang: Den Frühling riechen, sehen, hören und fühlen. In: Praxis Deutsch H. 159/2000, S. 17 f.

S. 47 und 49 „Kleiner Eisbär, wohin fährst du?“ von Hans de Beer © NordSüd Verlag AG, CH-8005 Zürich/Schweiz.

S. 54 Arthur Geisert: Oink, Houghton Mifflin Company, New York 1991.

S. 101 © „Der kleine Herr Jakob“ von Hans Jürgen Press / Julian Press, Hamburg.

S. 116 Pablo Picasso: Kind mit Taube, 1901 / Privatsammlung London / akg-images / VG Bild-Kunst Bonn 2009.